中国电力行业可靠性年度发展报告

2024

中国电力企业联合会　编著

中国电力出版社
CHINA ELECTRIC POWER PRESS

图书在版编目（CIP）数据

中国电力行业可靠性年度发展报告. 2024 / 中国电力企业联合会编著. -- 北京 ：中国电力出版社，2024.
9. -- ISBN 978-7-5198-9153-4

Ⅰ. F426.61

中国国家版本馆 CIP 数据核字第 20242667FK 号

出版发行：中国电力出版社

地　　址：北京市东城区北京站西街 19 号（邮政编码 100005）

网　　址：http://www.cepp.sgcc.com.cn

责任编辑：丁　钊（010-63412393）

责任校对：黄　蓓　张晨荻

装帧设计：赵姗姗

责任印制：杨晓东

印　　刷：三河市航远印刷有限公司

版　　次：2024 年 9 月第一版

印　　次：2024 年 9 月北京第一次印刷

开　　本：889 毫米×1194 毫米　16 开本

印　　张：11.5

字　　数：241 千字

定　　价：398.00 元

中国电力行业可靠性
年度发展报告
2024

编 委 会

主　　　编　杨　昆

常务副主编　于崇德

副　主　编　许松林　周　霞　王　鹏

编　　　委　（以姓氏笔画为序）

王利国　吕　军　刘　君　牟文彪

何学铭　汪明波　宋　威　张文战

张世山　周　宏　赵建军　章　彬

裴金勇　熊　凯

中国电力行业可靠性
年度发展报告
2024

编 写 组

组 长　周　霞

副组长　王　鹏　周　宏　姜　锐　陈　旦　高云鹏

统　稿　陈　旦

成　员　（以姓氏笔画为序）

王力光　王　龙　王　安　王兴合　王秀龙

王金宇　毛　澍　卢泓樾　白　浩　白　翎

冯智宇　刘　冰　刘　洋　汤　诚　安　哲

许家兴　孙立时　李　宁　李红日　杨旭林

杨茂查　杨宗强　杨　柳　时孝磊　邹祖建

张一帆　张文慧　张宇翼　张　俊　张　烁

张翠萍　陈申伟　陈　杨　陈健卯　苗春晓

罗　炜　金　焱　赵晓军　赵　琴　胡玉梅

禹志刚　侯龙通　顾衍璋　徐洋超　高丹丹

郭富胜　唐士宇　谈　萌　姬联涛　黄东辉

彭发东　葛　栋　董仲星　谢良辰　雷一勇

潘大志　潘　磊

前　言
PREFACE

　　《中国电力行业可靠性年度发展报告》是中国电力企业联合会（以下简称"中电联"）年度行业发展报告的系列报告之一，于2019年首次出版发行，是站在电力行业层面反映全国电力可靠性工作年度发展情况的综合性、资料性报告。

　　《中国电力行业可靠性年度发展报告2024》（以下简称"《报告2024》"）共分7章，遵循科学、系统、客观的原则，系统整理了2023年电力可靠性相关政策、法律法规和技术标准，全面反映了政府、行业、企业电力可靠性管理工作开展情况，多维度展示了2023年电力可靠性指标统计评价情况。

　　本报告编撰过程中，得到了有关政府部门、电力企业、专家学者等的大力支持和帮助，在此表示由衷的感谢。我们真诚希望汇聚全行业力量编制的《报告2024》能够成为中电联服务会员单位和社会各界的重要载体，成为电力可靠性管理工作人员和所有关心电力可靠性事业的读者了解中国电力可靠性发展现状的重要参考资料。

编委会

2024 年 6 月

目　录
CONTENTS

第一章

综 述

2023 年是全面贯彻落实党的二十大精神开局之年,是全面建设社会主义现代化国家开局起步的重要一年,是实施"十四五"规划承前启后的关键一年。以习近平同志为核心的党中央高度重视能源安全,政府部门持续推动"四个革命、一个合作"能源安全新战略落地。电力行业坚持以习近平新时代中国特色社会主义思想为指导,全面贯彻党的二十大精神,深入落实中央经济工作会议和政府工作报告部署,全面贯彻新发展理念,加快构建新发展格局,以推动高质量发展为主题,着力提升电力安全保障能力,着力推进绿色低碳转型,着力深化改革创新,着力提高国际合作水平,为我国经济社会发展提供坚实的能源电力保障。各电力企业认真践行"以人民为中心"的发展思想,积极应对错综复杂的形势,顶住压力、克服困难,着力保供电、促转型、抓改革、强创新,加快构建新型电力系统和新型能源体系,扎实推进电力可靠性管理各项工作,电力可靠性高质量发展再上新台阶。

一、2023 年政策文件

2023 年,国家发展改革委组织发布《关于加强新形势下电力系统稳定工作的指导意见》(发改能源〔2023〕1294 号)、《关于实施农村电网巩固提升工程的指导意见》(发改能源规〔2023〕920 号),对统筹各类电源规模和布局,提升新能源主动支撑能力,推动储能与可再生能源协同发展,统筹源网荷储整体规划,加强电力系统应急管理,推动构建农村新型能源体系,建设安全可靠、智能开放现代化农村电网等作出部署安排。

2023 年,国家能源局印发《新型电力系统发展蓝皮书》,明确新型电力系统要以确保能源电力安全为基本前提,以满足经济社会高质量发展电力需求为首要目标,以高比例新能源供给消纳体系建设为主线任务,以源网荷储多向协同、灵活互动为有力支撑,以坚强、智能、柔性电网为枢纽平台,以技术创新和体制机制创新为基础保障,构建安全高效、清洁低碳、柔性灵活、智慧融合的"四位一体"框架体系。

2023 年,国家能源局印发《关于加强电力可靠性管理工作的意见》(国能发安全规〔2023〕17 号)、《关于加强电力可靠性数据治理 深化可靠性数据应用发展的通知》(国能发安全

〔2023〕58 号），全面推进《电力可靠性管理办法（暂行）》（国家发展和改革委员会令第 50 号）（以下简称《可靠性办法》）落地实施，全力推进电力可靠性管理改革创新，深入拓展电力可靠性信息应用。

2023 年 12 月 26 日，国家发展改革委发布了《电能质量管理办法（暂行）》（国家发展和改革委员会令第 8 号）（以下简称《电能质量办法》），系统性完善了电能质量管理体系，强化了电能质量管理顶层设计，拓展了电能质量管理的外延，丰富了其内涵，进一步明确了加强发电、输配电、用电等环节电能质量管理工作要点，开创了我国电能质量管理的新篇章。

二、电力可靠性管理

（一）可靠性指标总体情况

2023 年，主要类型发电机组可靠性指标总体平稳。其中，水电机组运行系数 50.85%，同比下降 4.08 个百分点，等效可用系数 93.38%，同比上升 0.43 个百分点；燃煤机组运行系数 80.68%，同比上升 1.84 个百分点，等效可用系数为 91.73%，同比上升 0.22 个百分点；燃气轮机组运行系数 44.57%，同比上升 1.09 个百分点，等效可用系数为 92.90%，同比上升 0.28 个百分点；核电机组运行系数 89.58%，同比上升 0.14 个百分点，等效可用系数为 89.35%，同比下降 0.33 个百分点；风电机组运行系数 99.02%，同比上升 0.45 个百分点，等效可用系数 98.76%，同比上升 1.19 个百分点。

2023 年，输变电设施可用系数总体处于较高水平，输变电设施可用系数均保持在 99.44% 以上，强迫停运率维持在 0.15 次/［百（台、套、段）·年］以下；直流输电系统运行平稳，能量可用率 96.814%，同比提升 0.013 个百分点。

2023 年，全国供电系统用户平均供电可靠率 99.911%，同比上升 0.015 个百分点；用户平均停电时间 7.83 小时/户，同比减少 1.27 小时/户；用户平均停电频率 2.30 次/户，同比减少 0.31 次/户；我国城网地区用户平均停电时间 2.14 小时/户，农网地区用户平均停电时间 8.74 小时/户，城网、农网地区用户平均停电时间相差 6.60 小时/户，同比缩小 1.39 小时/户。

（二）政府监管

2023 年，国家能源局以电力事业高质量发展为目标，紧紧围绕《可靠性办法》落实，持续建立健全长效机制，各项工作取得新进展。印发了《关于加强电力可靠性管理工作的意见》等政策文件，完善电力可靠性全过程管理机制，指导电力企业进一步提高电力可靠性数据质量和应用水平。积极推动电力可靠性改革发展，组织开展了电力可靠性管理改革课题研究，试点开展了电力系统可靠性管理、以可靠性为中心的电力设备检修策略（RCM）、基于实时数据的电力可靠性管理等工作。进一步加强电力可靠性监管，定期将电力可靠性数据分发至国家能源局派出机构，有力支撑综合监管、"获得电力"、频繁停电、低电压整治等日常监管和专项行动工作开展；组织开展了多轮自查自纠工作，引导电力企业全面聚焦本质可靠管理。持续优化供电可靠性指标发布模式，和中国电力企业联合会（以下简称"中电联"）联合发布《全国电力可靠性年度报告》。

（三）行业服务

2023 年，中电联主动适应行业发展新形势新要求，不断夯实可靠性管理基础、不断推进专业创新发展，积极服务政府和企业，积极回应社会关注，工作取得显著成效。

1. 夯实电力行业可靠性管理基础

持续扩大可靠性统计范围，2023 年全国新增纳入输变电设施可靠性管理统计的发电厂190 个，全面启动行业集中式光伏发电可靠性数据统计工作。重视数据质量管理，落实《电力可靠性数据质量提升专项工作方案》，开展电力行业可靠性统计数据调研，推动全国数据质量自查自纠，有力促进可靠性数据质量提升。推进可靠性管理数字化建设，完成发电可靠性管理信息系统光伏模块、报告自动生成功能和低压供电可靠性管理功能开发部署，完成供电可靠性主站系统和中电联可靠性管理中心微信公众号上线。加强专业人才队伍建设，2023 年举办 6 期可靠性专业技能专题培训班。

2. 推进电力可靠性管理改革创新

完成行业重大研究课题《煤电机组灵活性调节运行对系统可靠性的影响研究》，向国务院研究室、国家发展改革委、国家能源局、国资委报送研究成果，提出 26 项工作建议。落实国家能源局成立工作专班的部署，中电联以副组长单位组织推进以可靠性为中心的电力设备检修策略（RCM）试点工作，协助组建"电力行业 RCM 百人专家团队"，提升行业设备运维和检修成效，持续完善电力可靠性标准体系，标委会完成《配电网设施可靠性评价指标导则》（DL/T 2610—2023）等 4 项标准的报批发布工作，完成标准送审 2 项、申请立项 14 项。

3. 提升行业服务品牌影响力

举办第三届电力行业可靠性高质量发展论坛，首次邀请新加坡能源、香港中华电力、澳门电力参加，论坛影响力持续扩大。连续三年组织开展发电机组可靠性对标，104 台机组被授予"2022 年度全国发电机组可靠性标杆机组"称号，持续发挥标杆引领作用。电力行业可靠性（萤辉）共产党员服务队赴辽宁抚顺、河北张家口、陕西铜川开展"星火相传，萤辉相助——走进革命老区，助力乡村振兴"专题服务活动，帮助革命老区巩固拓展脱贫攻坚成果，助力供电质量提升，促进经济社会高质量发展。

（四）企业管理

2023 年，电力企业认真践行"人民电业为人民"服务宗旨，全面履行企业主体责任，担当作为，高质量完成电力保供、改革创新各项工作任务，圆满完成大运会、亚运会、第三届"一带一路"国际合作高峰论坛等重大保供电活动。积极应对华北地区连续强降雨、东北地区暴雨洪涝、甘肃积石山地震、南方极端暴雨等自然灾害，有力保障了能源电力安全可靠供应。深入推进电力可靠性先进技术应用，推进电力可靠性管理数字化转型，在高可靠供电城市建设、城中村和农村配电网改造提质、新型电力系统可靠运行等领域打造了一批成效显著的示范项目。

三、电能质量管理

电能质量指标监测持续推进。 2023 年，全国电网共设置供电电压监测点 33.97 万个，同比增加 4.00%，各类电网电压监测点数量均平稳增长，进一步强化了各等级电网的电压监测能力，全国 35 个省级区域中，有 33 个省级区域的城乡综合电压合格率达到 99%以上，供电电压指标总体保持在较高水平。2023 年，全国主要电网企业继续推进电能质量监测管理系统建设，共设置电能质量监测点 2.01 万个，同比增长 16.18%，主要电网变电站及干扰源用户各项电能质量指标的超标占比总体呈现下降趋势。

行业管理取得新突破。 2023 年，中电联积极推动行业电能质量管理工作深入开展，配合国家发展改革委和国家能源局，编制《电能质量办法》，推动我国电能质量管理工作创新发展；在福建厦门举办 2023 年电力行业电能质量发展论坛，展示和交流了"双碳"目标下电能质量专业领域科技创新和成果推广应用情况；组织开展标准体系框架研究，提出完善电能质量标准体系框架和标准制修订建议，为后续电能质量技术标准的制（修）定提供了重要参考；推进《电力行业职业技能标准 电能质量管理员》中电联团体标准立项并启动编制工作，为后续规范电能质量从业人员的技术技能要求和人才队伍建设打下了坚实的基础。

企业管控措施有力。 2023 年，主要电网企业以提升客户满意度为出发点，不断加强电压监测及运行维护水平，以提高用户端电压合格率、实现低电压动态清零为最终目标，强化规划、建设、运维、服务等各业务领域间的高效联动机制和责任传递机制，不断提升电压质量精益化管理水平与各层级电压问题分析治理能力。针对近年来高精尖企业日益增多、对供电电能质量要求高的问题，不断细化敏感用户管理要求，完善电压暂降监测、用户辅助服务、问题整改治理的管控机制，指导和协助用户开展电压暂降耐受能力评估和抗扰能力提升等一系列措施，降低或消除电力用户经受电压暂降的影响，不断提高敏感用户用电满意度，满足用户对多元化高品质用电的需求。

四、挑战与应对

当前，随着新型电力系统建设持续推进，电力系统电源构成、电网形态、负荷特性发生深刻变化，高比例可再生能源、高比例电力电子设备特性使得新型电力系统在源网荷储互动环境下安全稳定运行风险增加，同时对如何衡量、统计供电系统的可靠性工作带来新的挑战。传统的可靠性统计体系在统计范围和维度方面亟须拓展，新型电力系统相关的可靠性统计方法和技术标准需要建立健全，基于多维度实时采集数据开展可靠性统计、系统运行风险评估和控制、设备健康状态评估与检修策略调整，变得十分迫切。

为更好地应对挑战，满足经济社会高质量发展对供电质量的高标准要求，我们需要结合新形势、新要求，强化全过程管理，持续健全长效机制。从政府监管层面看，要推动供电可靠性统计体系重构，拓展统计范围和维度，开展基于实时采集数据的可靠性统计，持续推进以可靠性为中心的电力设备检修策略（RCM）推广应用；落实《电能质量办法》，压实电力企业、电力用户、电气设备制造商等各方电能质量责任，保障电能质量管理与监督到位；从行业服务层面看，要加快建立健全完善新型电力系统可靠性相关的统计标准规范，开展信息系统的升级改造，推进行业可靠性数据收集与统计，加强培训，构建系统科学从业人员评价体系，推动行业管理工作提升；从企业实践层面看，要加强智能化、实时化量测技术应用，深挖可靠性数据的信息价值，加强对规划建设、系统安全运行、设备运行维护和资产全寿命周期的指导作用，结合新型电力系统示范区建设、运行经验，着力解决电力可靠性管理工作中的短板问题和电力系统风险突出的薄弱环节，提高电力设施防灾抗灾能力，保障电力系统安全可靠运行。

第二章

相关政策与标准规范

第一节 相关政策文件

一、2023 年能源电力相关政策

2023 年，国家能源局从做好新形势下电力系统稳定工作，加快构建新型电力系统"四位一体"框架体系（见表 2-1）；加快推进农村能源革命，深入实施农村电网巩固提升工程（见表 2-2），以及加快推进能源数字化智能化发展等方面对加强供电可靠性和电能质量管理，提升供电保障能力和服务能力提出了新要求（见表 2-3）。

表 2-1 构建新型电力系统方面

发布时间	文件	相关内容
6 月 2 日	《新型电力系统发展蓝皮书》（国家能源局）	打造"新能源＋"模式，加快提升新能源安全可靠替代能力。加大力度规划建设以大型风电光伏基地为基础、以其周边清洁高效先进节能的煤电为支撑、以稳定安全可靠的特高压输变电线路为载体的新能源供给消纳体系。积极推动电力源网荷储一体化构建模式，灵活发展用户侧新型储能，提升用户供电可靠性及用能质量。依托电力系统设备设施、运行控制等各类技术以及"云大物移智链边"等数字技术的创新升级，推动建设适应新能源发展的新型智慧化调度运行系，推动电网向能源互联网升级，打造安全可靠的电力数字基础设施，构建能源数字化台，助力构建高质量的新型电力系统
9 月 21 日	《关于加强新形势下电力系统稳定工作的指导意见》（发改能源〔2023〕1294 号）	深刻认识未来相当长时间内，电力系统仍将维持交流电为主体、直流电为补充的技术形态，稳定问题将长期存在，牢固树立管电就要管系统、管系统就要管稳定的工作理念。立足我国国情，坚持底线思维、问题导向，坚持系统观念、守正创新，坚持先立后破、远近结合，统筹发展和安全，做好新形势下电力系统稳定工作，为中国式现代化建设提供可靠电力保障，满足人民美好生活用电需要。

发布时间	文件	相关内容
9 月 21 日	《关于加强新形势下电力系统稳定工作的指导意见》（发改能源〔2023〕1294 号）	夯实稳定物理基础。科学构建源网荷储结构与布局，保证电源结构合理和电网强度，建设充足的灵活调节和稳定控制资源，确保必要的惯量、短路容量、有功、无功和阻尼支撑，满足电力系统电力电量平衡和安全稳定运行的需求。 强化稳定管理体系。围绕高比例可再生能源、高比例电力电子设备的电力系统在源网荷储互动环境下安全稳定运行，科学谋划电力系统转型的发展方向和路径，统筹规划、建设、运行、市场、科研等各项工作，建立适应新型电力系统的稳定管理体系，确保稳定工作要求在新型电力系统全过程、全环节、全方位落实。加强科技创新支撑。围绕系统安全稳定技术需求，加强基础理论研究，推进重大技术和装备攻关，加快先进技术示范和推广应用，协力构建适应新型电力系统的稳定技术标准体系，以创新支撑新型电力系统建设

表 2-2 　　　　　　　　　　　农村电网巩固提升方面

发布时间	文件	相关内容
3 月 15 日	《关于组织开展农村能源革命试点县建设的通知》（国能发新能〔2023〕23 号）	巩固提升农村电网。聚焦农村电网薄弱地区和问题短板，深入实施农村电网巩固提升工程，加大农村电网基础设施投入，强化网架结构，推进装备升级和配电自动化应用，加强供电可靠性和电能质量管理，健全故障快速抢修复电机制，推进城乡服务融合和均等化，提升农村电网供电保障能力和服务能力。稳步推动农村电网数字化、智能化转型发展，促进分布式可再生能源和多元化负荷的灵活接入，提升农村电网分布式可再生能源承载力
7 月 4 日	《关于实施农村电网巩固提升工程的指导意见》（发改能源规〔2023〕920 号）	到 2025 年，农村电网网架结构更加坚强，装备水平不断提升，数字化、智能化发展初见成效。供电能力和供电质量稳步提高，东部地区农村电网供电可靠率、综合电压合格率、户均配电变压器容量分别不低于 99.94%、99.9%、3.5 千伏安；中西部和东北地区分别不低于 99.85%、99.2%、2.3 千伏安，各地结合实际差异化制定本区域发展目标。农村电网分布式可再生能源承载能力稳步提高，农村地区电能替代持续推进，电气化水平稳步提升，电力自主保障能力逐步提升。 到 2035 年，基本建成安全可靠、智能开放的现代化农村电网，农村地区电力供应保障能力全面提升，城乡电力服务基本实现均等化，全面承载分布式可再生能源开发利用和就地消纳，农村地区电气化水平显著提升，电力自主保障能力大幅提高，有力支撑乡村振兴和农业农村现代化
7 月 20 日	《关于促进汽车消费的若干措施的通知》（发改就业〔2023〕1017 号）	着力提升农村电网承载能力。合理提高乡村电网改造升级的投入力度，确保供电可靠性指标稳步提升。进一步加快配电网增容提质，提高乡村入户电压稳定性，确保农村地区电动汽车安全平稳充电

表 2-3　　　　　　　　　　　　　电网数字化智能化发展方面

发布时间	文件	相关内容
3 月 28 日	《关于加快推进能源数字化智能化发展的若干意见》（国能发科技〔2023〕27 号）	以数字化智能化电网支撑新型电力系统建设。推动实体电网数字呈现、仿真和决策，探索人工智能及数字孪生在电网智能辅助决策和调控方面的应用，提升电力系统多能互补联合调度智能化水平，推进基于数据驱动的电网暂态稳定智能评估与预警，提高电网仿真分析能力，支撑电网安全稳定运行。推动变电站和换流站智能运检、输电线路智能巡检、配电智能运维体系建设，发展电网灾害智能感知体系，提高供电可靠性和对偏远地区恶劣环境的适应性。加快新能源微网和高可靠性数字配电系统发展，提升用户侧分布式电源与新型储能资源智能高效配置与运行优化控制水平

二、2023 年电力可靠性管理工作文件

为深入贯彻落实《可靠性办法》，推动我国电力可靠性管理水平提升，2023 年国家能源局就加强电力可靠性管理工作，深化可靠性数据应用发展等出台了相关文件通知，对进一步加大电力可靠性管理工作力度、落实可靠性管理主体责任、提升可靠性数据智能化管理水平、深化可靠性数据应用等工作提出了意见要求。

（一）《关于加强电力可靠性管理工作的意见》

2023 年 2 月 14 日，国家能源局印发《关于加强电力可靠性管理工作的意见》（国能发安全规〔2023〕17 号，以下简称"17 号文"），自发布之日起施行，有效期为 5 年。17 号文是对《可靠性办法》的全面承接与落实，就推动我国建立和完善电力可靠性全过程管理机制等提出了明确要求。主要内容包括重视电力可靠性管理重要性、完善电力可靠性管理工作体系、落实电力企业可靠性管理主体责任、鼓励社会各方积极参与电力可靠性管理、加强电力可靠性信息管理共五部分。

17 号文要求各级单位应充分认识电力可靠性管理是保障电力安全可靠供应的重要基础，是保障社会经济发展的重要手段，是推动建设新型电力系统的重要保障。国家能源局派出机构、地方政府能源管理部门和电力运行管理部门，应根据各自职责和国家有关规定负责辖区内的电力可靠性监督管理；电力企业主要负责人是电力可靠性管理第一责任人，应牵头建立电力可靠性全过程管理机制、重要电力设备分级管理制度、优化安排电网运行方式等，确保电力可靠安全供应；电力设备制造企业、电力企业、科研单位和电力用户、行业协会、科研单位、技术咨询机构等，应从电力可靠性管理各维度积极参与管理工作，共同提升可靠性管理技术能力与水平；各级应加强电力可靠性信息统一管理、分级负责管理，确保电力可靠性

数据及时、完整、准确报送，定期开展数据统计、分析、核查等工作。

（二）《关于加强电力可靠性数据治理 深化可靠性数据应用发展的通知》

2023 年 8 月 31 日，国家能源局印发《关于加强电力可靠性数据治理 深化可靠性数据应用发展的通知》（国能发安全〔2023〕58 号，以下简称"58 号文"），就进一步提高我国可靠性数据的准确性、及时性、完整性，深化可靠性数据应用等进行了工作安排。主要内容包括明确加强电力可靠性数据治理总体要求，部署加快基于实时数据的电力可靠性管理体系建设进程，进一步优化电力可靠性评价体系，不断深化电力可靠性数据信息应用。

58 号文提出各级单位要充分应用电力系统运行数据和电力设备监测数据开展分析评估，推进基于实时数据的电力可靠性管理体系建设，推动实现可靠性数据自动化采集、智能化分析、可溯化管理、透明化监督，确保可靠性数据的准确性、及时性和完整性，从而逐步准确衡量电力企业可靠性管理质效，全面推动可靠性数据全链条推广应用；要明确基于实时数据的电力可靠性管理体系建设目标，逐步推进确保 2028 年底全面建成基于实时数据的电力可靠性管理体系；要持续优化电力系统可靠性、发电可靠性、输变电可靠性、供电可靠性评价体系；要丰富电力可靠性信息应用场景，搭建电力可靠性信息交流平台，拓展可靠性定制化增值服务，强化基于可靠性信息的设备全寿命周期管理，积极推广以可靠性为中心的电力设备检修（RCM）模式等。

第二节　相关技术标准

一、电力可靠性标准

电力可靠性技术标准是开展电力可靠性管理工作的重要技术支撑。目前，电力可靠性标准主要覆盖发、输、变、配等全产业链的设备、设施和系统可靠性统计、评价、评估及应用，形成了国家标准、行业标准、团体标准相互补充完善的标准体系。截至 2023 年底，已发布实施的电力可靠性相关标准共 28 项，包括通用标准 7 项、发电可靠性管理技术标准 9 项、输变电可靠性管理技术标准 4 项、直流可靠性管理技术标准 2 项、供电可靠性管理技术标准 6 项，具体见附录 2。2023 年发布实施、在编及列入制（修）订计划的标准见表 2-4。

表 2-4　　　　　　　　　　发布实施、在编及列入制（修）订计划的标准

序号	标准号/计划号	标准名称	状态
1	NB/T 25018—2023	《核电厂常规岛与辅助配套设施可靠性数据管理导则》	发布实施
2	DL/T 1090—2023	《串联补偿装置可靠性评价指标导则》	发布实施
3	DL/T 2610—2023	《配电网设施可靠性评价指标导则》	发布实施
4	T/CEC 696—2022	《统计用供电可靠性地区特征划分导则》	发布实施
5	能源 20230442	《以可靠性为中心的电力设备检修导则 第1部分：通用》	在编
6	能源 20230925	《电力可靠性管理信息系统数据规范 第4部分：供电系统》	在编
7	—	《供电系统供电可靠性评价规程 第1部分：通用部分》	在编
8	能源 20230923	《供电系统供电可靠性评价规程 第2部分：高中压用户》	在编
9	能源 20220731	《供电系统供电可靠性评价规程 第3部分：低压用户用户》	在编
10	T/CEC 20221054	《低压用户供电可靠性评估导则》	在编
11	T/CEC 20222039	《变电站交直流电源系统可靠性评价规程》	在编
12	T/CEC 20231028	《供电系统供电可靠性分级规程》	在编
13	T/CEC 20232157	《综合能源配电系统可靠性评价规程》	在编
14	T/CEC 20232158	《供电系统供电可靠性规划导则》	在编
15	—	《电力系统运行可靠性指标导则》	列入制（修）订计划
16	—	《海上风力发电场系统可靠性评价规程》	列入制（修）订计划
17	—	《供电可靠性实时数据采集技术规范》	列入制（修）订计划
18	—	《以可靠性为中心的输变电设施检修导则 第1部分：油浸式变压器》	列入制（修）订计划
19	—	《以可靠性为中心的火力发电设备检修导则 第1部分：煤粉锅炉》	列入制（修）订计划

二、2023 年发布实施的电力可靠性标准

（一）发电专业

NB/T 25018—2023《核电厂常规岛与辅助配套设施可靠性数据管理导则》于 2023 年 10 月 11 日发布，为行业标准。该导则为 NB/T 25018—2014 的代替标准，规定了核电厂常规岛与辅助配套设施可靠性数据管理的相关内容，为核电厂常规岛与辅助配套设施可靠性运行评价提供依据，为后期设备选型提供重要参考。

导则分为 6 个部分，分别为范围、规范性引用文件、术语和定义、可靠性数据类型及其

来源、可靠性数据采集与处理和可靠性数据管理和应用。导则规定了核电厂常规岛与辅助配套设施可靠性数据管理相关的术语定义 21 项，明确了 7 类可靠性数据的要求和主要来源，提供了可靠性数据采集原则、采集人员资质、采集基本步骤、采集要求和数据处理原则的具体指导，提出了可靠性数据管理和应用的详细方法和程序。为方便理解，导则还给出了主变压器类的可靠性数据管理示例、可靠性参数估计方法和可靠性数据应用案例。这些内容共同构成了一个全面的框架，用于指导核电厂常规岛及其辅助配套设施的可靠性数据管理，确保核电厂的安全和高效运行。

（二）输变电专业

DL/T 1090—2023《串联补偿装置可靠性评价指标导则》于 2023 年 5 月 26 日发布，2023 年 11 月 26 日实施，为行业标准。该导则为 DL/T 1090—2008 的代替标准，对标准名称、适用范围、统计单位、评价指标计算公式等内容进行了修订，有效衔接《输变电设施运行可靠性评价指标导则》（GB/T 40862—2021），充分吸收了近年来串联补偿装置的运行经验，满足了新技术和管理方式的新要求。

导则分为 6 个部分，分别规定了串联电容器补偿装置（简称"串联补偿装置"）运行可靠性的统计评价指标范围、规范性引用文件、术语和定义、状态分类和统计单位、评价指标、统计评价报表。规定了与串联补偿装置相关的术语和定义 31 项，状态分类涵盖串联补偿装置的各种状态，将统计单位变更为"组"和"套"两种类型，规定了 6 项单组装置评价指标、2 项单套装置评价指标的计算公式和 10 个统计报表。导则对串联补偿装置可靠性评价的指标及其计算方式进行了细化明确，具有更好的可操作性和实用性。

（三）供电专业

DL/T 2610—2023《配电网设施可靠性评价指标导则》于 2023 年 5 月 26 日发布，2023 年 11 月 26 日实施，为行业标准。该导则规定了配电网设施可靠性评价对象、状态分类、评价指标及计算方法，为规范配电网设施可靠性评价工作，引导企业科学合理制订配电网设施建设改造及运维策略，提升电网企业资产精益化管理水平、电力设施制造企业产品制造水平，提供了标准支撑。

导则分为 5 个部分，分别规定了配电网设施可靠性评价的范围、规范性引用文件、术语和定义、评价对象及状态分类和评价指标及计算方法。导则规定了配电网设施可靠性评价相关的配电网设施、状态分类、指标计算方面术语定义 34 项，明确了评价对象包括 7 类中压配电网设施和 2 类低压配电网设施，设施评价状态为可用、不可用两大类并进行分类细化，规定了频次类、时间类及比例类评价指标共计 3 类 14 项，给出了配电网设施可靠性指标计算方法和统计报表。为方便指标的理解计算，导则还给出了包含详细过程的指标计算实例。

T/CEC 696—2022《统计用供电可靠性地区特征划分导则》于 2023 年 2 月 1 日实施，为中电联团体标准。该导则规定了供电系统用户供电可靠性地区特征划分的依据、原则和方法，解决了供电可靠性地区特征划分与政府统计划分的一致性，为准确计算区域可靠性指标水平提供了更加规范、客观的标准依据。

导则分为 6 个部分，分别规定了统计用供电可靠性地区特征划分的范围、规范性引用文件、术语和定义、地区特征划分标准、地区特征划分范围和供电可靠性指标统计口径。导则规定了统计用供电可靠性地区特征划分相关的术语和定义 7 项，明确了地区特征划分的总体原则和 4 类地区特征的划分依据，规定了地区特征划分的详细流程和 7 个供电可靠性指标统计口径，进一步规范了供电可靠性评价工作。

第三章

电力可靠性管理工作

第一节　政府监督管理

2023 年，国家能源局坚持以习近平新时代中国特色社会主义思想为指导，深入贯彻"碳达峰、碳中和"目标、"四个革命、一个合作"能源安全新战略和总体国家安全观，紧紧围绕电力事业高质量发展目标，全力推动电力可靠性管理体系完善、电力系统可靠性管理、电力可靠性数据应用、电力可靠性创新发展等方面工作，持续建立健全长效机制，各项工作取得新进展。

一、政府可靠性监督概况

1. 进一步加大《可靠性办法》宣贯力度

2023 年，国家能源局印发 17 号文，进一步强调《可靠性办法》电力可靠性管理方面的纲领性制度地位，要求落实《可靠性办法》各项要求，实现全方位突破传统电力可靠性管理理念，革命性重塑电力可靠性管理内容，系统性完善电力可靠性管理体系等。同时，监督指导电力企业开展《可靠性办法》宣贯培训活动，包括组织编制发电、输变电、供电可靠性管理等系列培训教材，以"全面强化电力可靠性管理，推动电力工业高质量发展"为主题，征集遴选电力可靠性管理优秀实践案例等工作，多方位诠释《可靠性办法》精神，立体营造浓厚学习氛围。

2. 加大可靠性数据监管应用力度

2023 年，国家能源局持续完善可靠性指标发布机制，在每年发布《全国电力可靠性年度报告》基础上，按季度编制《全国供电质量报告》并分发至各派出机构、省能源管理部门和电力运行部门。落实电力可靠性信息"统一管理、分级负责"要求，定期将电力可靠性数据分发国家能源局派出机构，有力支撑综合监管、"获得电力"、频繁停电、低（高）电压整治等日常监管和专项行动。

3．多措并举提升可靠性数据质量

针对部分企业存在的"重统计、轻管理，重排名、轻应用，重设备、轻系统"的"三重三轻"不良倾向，国家能源局督促企业落实主体责任，组织开展多轮自查自纠归真数据，全国用户平均停电时间"挤水分"效果明显。从满足配电网规划、建设和评价需要出发，研究调整供电可靠性指标统计口径为城网 1＋2、农网 3＋4，持续优化供电可靠性指标发布模式等，全面引导电力企业关注配电网本质可靠工作。

4．推进电力系统可靠性管理试点研究

在前期电力系统可靠性管理研究基础上，2023 年国家能源局进一步委托云南、深圳、上海开展电力系统可靠性管理试点研究，推动管理理念逐步从"注重设备管理"向"强化系统思维"转变，初步构建了一整套电力系统可靠性评价指标体系，形成了一批次阶段性试点成果和经验做法，为探索建立全国普适的电力系统可靠性管理体制机制奠定了基础。

5．加快电力可靠性管理平台建设

2023 年，国家能源局组织制定《基于实时数据的电力可靠性管理工作方案》，系统总结基于实时数据的电力可靠性试点建设经验成果，统筹推进电力企业可靠性实时数据采集系统建设，推动通过信息化手段实现数据自动化采集、智能化分析、可溯化管理、透明化监督等，探索建立关键数据常态化推送新机制。

6．持续创新发展可靠性专业管理

2023 年，国家能源局全面推进以可靠性为中心的电力设备检修策略（RCM）研究试点工作，圆满完成首批试点与成果验收等，顺利启动第二批试点，实现引导电力企业科学制订设备检修策略，优化检修资金安排，推动提升设备可靠性管理水平；同时，委托有关电力企业等开展 RCM 后评估体系课题研究，以目标、问题、结果为导向，探索开展 RCM 成果应用分析和效益评估评价等工作。

二、政府可靠性重大活动

专栏 3-1

电力可靠性指标发布会

2023 年 9 月 15 日，国家能源局在京召开 2022 年度电力可靠性指标发布会（见图 3-1）。会议由国家能源局监管总监黄学农主持，国家能源局党组成员、副局长何洋出席会议并讲话，中电联专职副理事长于崇德出席并致辞。

会上发布了 2022 年度全国电力可靠性指标，强调指出 2023 年电力行业要以全面贯彻落实党的二十大精神为统领，以全面推进电力可靠性管理改革为主线，切实把思想和行动统一到党中央、国务院精神的要求和决策部署上来，围绕服务社会经济发展、服务能源安全大局做好各项工作。

会议部署要求，要准确把握《可靠性办法》赋予电力可靠性管理工作全新内涵，加快解决电力可靠性管理工作中存在的矛盾问题，加快适应能源行业转型，持续深化电力可靠性管理改革创新。要紧密围绕"服务经济社会发展、服务能源安全大局"宗旨，加强可靠性管理顶层设计，推动电力系统可靠性管理体系建设，全面提升可靠性数据质量，大力推广可靠性数据应用，本质提升电力可靠性管理水平，持续推动电力可靠性管理高质量发展。

图 3-1　2023 年电力可靠性指标发布会现场

专栏 3-2

电力可靠性管理改革专题研究

2023 年 4 月 13 日，国家能源局组织召开电力可靠性管理工作改革研究启动会议，会议明确了电力可靠性管理改革的目的和方向（见图 3-2）。4 月 21 日，国家能源局综合司印发《关于开展电力可靠性管理工作改革专项课题的通知》，部署开展电力系统可靠性、新型电力系统可靠性管理、发电机组可靠性管理提升、新能源电源可靠性管理提升、输变电可靠性管理提升、供电可靠性管理提升、电力可靠性信息应用推广、基于实时数据的电力可靠性管理、电力可靠性评价及对标体系建设、电力可靠性支撑体系机制等 10 项专题研究。

12 月 27 日，国家能源局组织召开电力可靠性管理改革总结推进会，全面总结电力可靠性管理改革工作成效，明确下一阶段工作重点：一是加快建设基于实时数据的可靠性管理体系，数字赋能电力可靠性管理，做好信息化时代下可靠性数据的深化应用与妥善保管；二是深化电力系统可靠性管理研究，以长远眼光、科学手段做好电力系统可靠性管理体系建设的顶层设计工作，用全局思维与系统手段应对大电网风险和能源保供压力；三是高质量开展RCM试点推广工作，高度融入企业安全生产管理业务，贯穿设备全寿命周期的全链条，全方位引领设备运维检修专业，如图3-2所示。

图3-2 2023年电力可靠性管理改革工作会议现场

专栏 3-3

RCM 电力设备检修示范

2023年1月，国家能源局召开RCM第一批研究试点项目中期检查及技术研讨会，对试点项目阶段性成果进行技术指导并形成中期检查意见（见图3-3）。4月在浙江杭州召开RCM试点经验总结暨推广应用会，各试点项目顺利通过验收。6月完成RCM第二批试点项目遴选申报工作。12月组建"电力行业RCM百人专家团队"。

国网江苏电力：开展基于数字赋能的苏州电网220千伏变压器全寿命周期管理与RCM检修试点应用，制订变压器11类组部件、53个典型故障模式评判规则，构建差异化策略库，针对不同故障模式和检修优先级，从运维、检测、检修等维度提出330余条差异化运检策略，形成了"健康预警—健康评价—健康诊断"的主动健康管控模式。累计发布超特高压变压器健康预警300余份，处置3起500千伏主变压器突发异常；在2023年秋检期间合理安排10台"低可靠性"变压器改造，同时针对其他27余台主变压器依据实际状态制订差异化检修项目，主变压器停电时长减少15.11%，检修项目数量降低23.71%，检修人力消耗下降16.56%。

图 3-3 2023 年 RCM 第一批研究试点项目中期检查及技术研讨会议现场

云南电网公司：以昆明供电局 35 千伏石林圭山变电站等 11 座变电站，总计 840 台设备为试点。采用 RCM "四步法"，制订了基于设备状态的维护策略，实现了向高效、高质量检修模式的转变。石林圭山变电站的 6 台 35 千伏断路器，通过优化检修流程，节约了超过 120 万元的成本，设备可用系数也提高到了 99.84%。该模式大幅降低了运检人员的工作量，11 座试点变电站一年共节省 5280 工时，操作任务减少至原来的 4%。

内蒙古电力集团：全方位多角度梳理变压器 "运—检—故—监—修" 记录，形成变压器设备标准失效模式库和检修决策知识库，建立基于 RCM 分析技术的变压器可靠性管理系统，实现设备当前健康状态管理和未来健康风险预测。试点选取 20 台 220 千伏变压器，制订差异化检修策略，达到设备可靠性和维修成本的双重管控，全面提升设备运维效率。

中国华能：实现设备失效模式分析的全面覆盖，完成锅炉系统、汽轮机系统、发电机系统、水轮机系统四大核心系统的故障模式库建设。试点期间，集团试点设备未发生降负荷或设备故障情况，玉环电厂 1 号机组 2023 年 4 月 2A+检修项目通过 RCM 减少检修项目 72 项。梳理形成行业标准《以可靠性为中心的电力设备检修导则—煤粉锅炉本体》及《发电设备以可靠性为中心的检修（RCM）实践》等相关专著成果。

中国大唐：组织编制了《以可靠性为中心的发电设备维修导则》系列企业标准，按照锅炉、汽机、电气、水电四个专业方向确定了 15 个主要设备的 RCM 维修导则，形成了 "1+N" 的标准体系。阳城电厂将 6 号机组 A 修优化为 B 修，相比优化前，项目减少 437 项，工期缩短 18 天，节约检修费用 610 万元，等效可用系数提高 4.9 个百分点；乌沙山电厂 4 号机组 B 修优化项目 99 项，节约检修费用 76 万元；武隆 2 号水轮机组 C 修优化项目 39 项，工期缩短 4 天，节约检修费用 20 万元。

第二节 行业自律服务

2023 年，中电联可靠性管理中心坚持以习近平新时代中国特色社会主义思想为指导，认真贯彻"四个革命、一个合作"能源安全新战略和"双碳"目标新要求，积极应对错综复杂的形势，紧紧围绕中电联"国际一流协会"建设目标，主动担当、积极作为，加快推动可靠性专业转型发展，助力构建新型电力系统和新型能源体系，各项工作迈上新台阶。

一、培育电力可靠性行业服务品牌

1. 萤辉服务队品牌活动

2023 年，电力行业可靠性（萤辉）共产党员服务队深入贯彻习近平总书记关于革命老区振兴发展的重要论述，联合政府和企业基层党支部，汇聚行业专家资源，赴辽宁抚顺、河北张家口、陕西铜川开展"星火相传，萤辉相助——走进革命老区，助力乡村振兴"专题服务活动，帮助革命老区巩固拓展脱贫攻坚成果，助力革命老区经济社会高质量发展。

2. 可靠性高质量发展论坛

2023 年，两年一度的可靠性高质量发展论坛在广州成功举办。本届论坛以"共筑可靠，守护光明"为主题，搭建了政府、行业、企业等多方参与的高层次交流平台，凝聚共识、形成合力、共同施策、坚守使命，奉献光明，推动电力可靠性高质量发展，品牌影响力和知名度再上新台阶。

3. 发电机组可靠性对标

2023 年，连续三年开展发电机组可靠性对标工作，在燃煤（煤粉锅炉和循环流化床锅炉）、燃机、常规水电（轴流和混流机组）、抽水蓄能（国产和进口机组）四个类型参评发电机组中，104 台机组被授予"2022 年度全国发电机组可靠性标杆机组"称号，科学引导发电企业"找差距，争标杆"，促进了发电机组可靠性管理水平的进一步提升。

二、支撑政府开展电力可靠性监督管理工作

1. 以可靠性为中心的电力设备检修策略（RCM）试点工作

2022 年，国家能源局成立 RCM 工作专班，中电联作为副组长单位组织开展 RCM 试点应用工作，2023 年 4 月协助国家能源局在浙江杭州组织召开 RCM 试点经验总结暨推广应用会，2023 年 6 月组织开展 RCM 第二批试点，组织完成第二批试点项目遴选申报工作。2023

年 12 月，协助组建"电力行业 RCM 百人专家团队"，从火电、电网等 3 个大类 13 个具体专业方向征集百名专家，完成资格审查和初审推荐工作。

2．行业重大课题研究

2023 年，组织成立《煤电机组灵活性调节运行对系统可靠性影响》重大调研课题组，对 13 台试点机组持续跟踪 1 年半时间，完成《煤电机组灵活性调节运行对系统可靠性影响》课题报告，从加强煤电机组灵活性调节工作、优化电力系统调节能力规划、系统运行调度管理、辅助服务和市场机制政策、行业自律管理和服务、政府强化监督管理五大方面提出了 26 项建议，得到政府有关部门好评。

三、夯实电力行业可靠性管理基础

1．可靠性统计范围

2023 年，加强发电企业输变电可靠性数据报送协调，跟踪协调涉及股权变更的燃煤电厂及时报送可靠性数据，联系中煤能源开展行业统计工作，全国纳入输变电设施可靠性管理统计的发电厂共计新增加 190 个。2023 年 4 月上线发电可靠性系统光伏发电模块并试点开展统计工作，经过进一步优化完善后，7 月份全面开展行业集中式光伏发电可靠性数据统计工作。

2．数据质量管理

2023 年，编制《电力可靠性数据质量提升专项工作方案》并报送国家能源局，引导电力企业指标良性竞争。及时分析可靠性停电时间、可用系数等重要指标异动情况，与电力企业深度沟通，推进电力企业开展数据质量自查自纠工作。赴湖南衡阳开展可靠性数据调研，对企业管理、数据统计等情况进行实地考察，帮助企业提高可靠性管理水平。

3．年度报告改版编制

2023 年，编制完成《中国电力可靠性年度行业发展报告（2023）》及系列专业报告共 6 本，向各电力企业寄送近 1000 册。《中国电力可靠性年度行业发展报告（2023）》经过充分研究与论证后进行了全面改版，重点展示了行业年度重点工作开展情况、企业可靠性管理实践经验、可靠性管理先进技术应用及相关案例，为读者提供了更加丰富的信息资料。

4．专业人才队伍

2023 年，累计举办 6 期可靠性专业培训班，培训场次 11 次，培训人数 5641 人，有效促进了行业可靠性专业人员能力提升。

四、电力行业可靠性重大活动

专栏 3-4

2023 年电力行业可靠性重大活动

2023 年 8 月 31 日～9 月 1 日，2023 年电力行业可靠性高质量发展论坛在广州市举办（见图 3-4）。国家能源局、香港中华电力、澳门电力、新加坡能源以及饶宏院士、国内电力企业领导专家围绕论坛主题做精彩演讲。本届论坛还同步开设视频和图片方式直播，现场参会人数 300 余人，约 15000 人次线上参与论坛。

图 3-4　2023 年电力行业可靠性高质量发展论坛现场

2023 年 11 月 30 日，第五届电力行业可靠性管理标准化技术委员会第五次会议在浙江温州召开（见图 3-5）。中电联、国家电网、南方电网、中国大唐、中国华电、国家能源集团、重庆大学等单位 37 位标委会委员和 39 位代表参加了会议。会议审议了《电力可靠性标准体系框架》及《现行有效标准清单（2023）》，通过了《电力可靠性管理信息系统数据规范 第 2 部分：输变电设施》《供电企业可靠性管理工作评价规范》两项标准送审稿，并审查了申请立项的 12 项电力行业标准和 2 项中电联团体标准。

2022 年度自愿参加全国发电机组可靠性对标的机组共计 2263 台，其中燃煤机组 1572 台、燃气轮机组 196 台、水电机组 495 台。参加对标的燃煤机组中，煤粉锅炉机组 1482 台，循环流化床锅炉机组 90 台，获得"标杆机组"称号的机组分别为煤粉锅炉机组 50 台，循环流化床锅炉机组 10 台。燃气轮机组中，获得"标杆机组"称号的机组为 10 台。水电机组中，混

图 3-5　第五届电力行业可靠性管理标准化技术委员会第五次会议现场

流机组 356 台、轴流机组 31 台、抽水蓄能机组 108 台，获得"标杆机组"称号的机组分别为混流机组 20 台、轴流机组 4 台、抽水蓄能机组 10 台。2022 年度企业参与全国发电机组荣获标杆机组称号证书颁发仪式如图 3-6 所示，名单见附录 3。

图 3-6　2022 年度企业参与全国发电机组荣获标杆机组证书颁发仪式现场

第三节　企业自主管理

2023 年，电力企业坚持以习近平新时代中国特色社会主义思想为指导，全面贯彻新发展理念，深入贯彻党中央、国务院关于推进能源革命的战略部署，全面履行企业主体责任，扎实推进《可靠性办法》等规章制度要求落地，持续完善电力可靠性管理体系，夯实基础，深化可靠性数据分析应用，推动管理创新，电力可靠性管理水平稳步提升，为社会经济发展和人民美好生活用电需求提供了坚强保障。

一、电力企业自主管理概况

1. 持续完善可靠性管理工作制度

电力企业深入贯彻落实《可靠性办法》、17、58 号文等文件要求，持续健全新形势下企业内部电力可靠性管理体系，完善工作制度，梳理并完善可靠性管理网络，制定一系列以提升电力可靠性管理水平和电力设施设备可靠性运行水平为目标的指导意见、实施方案和专项行动方案，电力可靠性管理工作规范化水平稳步提升。

2. 加强协调多专业协同发力

电力企业以电力可靠性管理为抓手，加快专业深度融合，推动电力可靠性管理工作贯穿电网规划设计、物资采购、建设施工、调控运行、运维检修、客户服务等全过程，压实各环节职责，有效推动电力可靠性管理水平提升。发电企业持续强化非计划停运管控和停运事件分析，深入开展检修过程管理精细化和生产管理标准化，积极推进发电设备管理水平持续提升。电网企业着力优化专业管理工作模式，坚持以网架为本，持续优化提升设备标准化水平，进一步强化预算式管控工作机制和综合停电管控力度，提升输配电带电作业水平，推动无人机规模化应用，大力推进配电自动化实用化及配电网自愈能力建设，持续提升电网本质安全水平。

3. 深入推进可靠性管理数字化转型

电力企业深入推动电力可靠性管理数字化转型，持续优化完善技术支持系统，推动电力可靠性管理信息系统与生产管理、调度运行、用户服务等业务系统的深度融合，可靠性台账自动集成和停运事件综合研判准确率显著提高，优化完善可靠性指标数据监控预警、在线辅助分析决策等智能化功能模块，管理质效再上新台阶。

4. 持续提升可靠性数据质量

电力企业持续推进数据质量治理，推动可信区块链等技术研究，开展基于实时数据的电力可靠性管理试点建设，建立可靠性数据质量常态化远程线上核查和不定期现场核查机制，闭环跟踪数据质量整改情况，确保电力可靠性数据的及时性、准确性和完整性。

5. 积极探索可靠性管理技术新方向

电力企业致力于深入研究电力可靠性管理的新思维与前沿技术应用，通过示范应用实践持续优化完善，逐步形成可供行业推广的先进经验。发电企业积极开展以可靠性为中心的维修分析与管理系统、基于北斗技术的水电大坝健康诊断等示范建设。电网企业开展了数字化配电网、计划停电"零感知"、无人机自主巡视、以可靠性为中心的设备健康评估与状态检修等示范建设。

6. 全力保障电力可靠供应

电力企业提高政治站位，强化底线思维，狠抓工作落实，高质量完成第三届"一带一路"国际合作高峰论坛、第十九届亚洲夏季运动会、第三十一届世界大学生夏季运动会等重大保供电活动。在华北地区连续强降雨、东北地区暴雨洪涝、南方极端暴雨、甘肃积石山地震等极端天气期间，各电力企业第一时间启动应急机制，多方联动、团结协作、紧密配合、精准精细作业，牢牢守住能源电力安全保供生命线，迅速调度抢险救援力量高效完成抢修复电工作，有力确保了电力安全可靠供应。

二、电力企业可靠性重大活动

1. 重要活动保供电

专栏 3-5

第三届"一带一路"国际合作高峰论坛保供电

2023 年 10 月 18 日，第三届"一带一路"国际合作高峰论坛在北京举行开幕式。

国家电网：13000 余名保障人员严守保障标准，对 104 座重点变电站恢复有人值守，对 389 条重点输电线路开展不间断巡视，对 654 座配电站室、556 条配电线路全面提级管控，24 小时开展网络安全在线监测和分析研判。可视化监控系统 24 小时对重点保障变电站和杆塔开展轮巡监控；输电全景平台、智能化供电服务指挥等系统实现任务派发、工单执行、人员状态穿透式管理。为保障 76 个重要客户供电安全可靠，公司"1＋N"保障团队核心人员与客户电工共同开展现场值守，重点做好 ATS、UPS 等关键装备巡视检查；应急抢修人员携 44 台应急发电车在重要客户周边备勤，随时做好应急准备。

中国大唐：围绕"八杜绝、两确保"的总体目标，制定"1＋11＋2"保电总体方案、专项工作方案和应急预案。在所属京津冀蒙区域各企业设立保电总指挥部，监控主要生产系统和厂区重要区域，由领导带班、值班人员 24 小时值守，严控高风险和临时外包队伍作业；提前策划设备倒换及试验 221 项，处置网络攻击、扫描行为 62 万余次，确保安全生产稳定。会议期间，大唐集团 32 台保供机组在网运行，未发生机组非计划停运等异常，保持了电力稳定供应。

京能集团：及时制订论坛期间应急值守工作方案，从隐患排查、社会面防控、环境保障、应急保障、监督检查等方面部署论坛期间的服务保障工作，坚持"全覆盖、零容忍、严督办、重实效"原则，严格执行领导带班、重要岗位 24 小时值班制度；同时成立生产安全检查组，公司主要领导带队，压紧压实各方责任，全面彻底排查风险隐患，及时整改并制订相应管控措施，对重要设备、重点区域、重要作业进行实时盯防，为论坛的成功举办提供可靠电力保障。

专栏 3-6

第十九届亚运会保供电

2023 年 9 月 23 日—10 月 8 日，第十九届亚洲夏季运动会在浙江省杭州市举行。

国家电网：坚持"全网一盘棋"，调集 7 大专业、12 家省级电力公司、4 家直属单位、756 名技术和服务保障人员及 60 余辆特种车辆抵浙支援，坚决守牢保电阵地。国网浙江电力创新"馆长、片长、线长、站长、值长"的"五长共保"体系，按照每个螺丝拧一遍、每个零件查一遍、每个回路测一遍的"三个一"工作标准，2 万余名电力保障人员、2148 台车辆，驻守在 281 个变电站、1124 条线路、809 个配电站房，推动亚运竞赛场馆风险隐患"动态清零"，确保亚运保电万无一失。

中国华能：充分发挥央企示范作用，高质量完成杭州亚运会保供电工作。青海共和七期 50 兆瓦平价光伏电站作为杭州亚运会在青海省的"绿电"电源之一，借助特高压外送通道，在 6—8 月期间跨越 2300 千米向杭州输送 370 万千瓦·时"绿电"。青海分公司共向杭州输送绿电 1049 万千瓦·时，为杭州亚运会、残运会保驾护航。

中国大唐：浙江分公司及所属企业迅速行动，层层落实，围绕确保安全生产局面稳定、保障电力安全可靠供应、强化燃料储备及结构调整、切实做好空气质量保障工作、加强网络信息安全管理、提高突发事件应急处置能力、全力营造稳定和谐保电氛围 8 项重点任务进行部署。浙江分公司所属乌沙山、绍兴、江山、浙江新能源 4 家企业为保电核心重点企业。亚运会期间，浙江分公司累计发电 6.18 亿千瓦·时、供热 4.99 万吨。

中国华电：紧紧围绕"保人身、保设备、保稳定"目标，强化设备管理，优化机组运行，紧盯缺陷管控，灵活调整检修计划，推行安全"吹哨人"制度，开展班组级以上应急演练 177 场，参加 1790 人次，做到未病先防。华电电科院组建 50 余人涵盖 7 个重点专业的亚运保电专班，通过驻厂技术服务，强化全天候应急保障机制，确保发电机组调得出、顶得上，圆满完成亚运会保供电工作任务。

国家能源集团：深入践行"41663"总体工作方针，以保障电力供应稳定、保障电力生产安全为重点，细化工作措施，逐级压实责任。国家能源集团浙江公司实现亚运保电期间累计发电量达 19.4 亿千瓦·时，煤机发电市场占有率 101.64%。北仑电厂保持机组连续运行，持续 21 天强化亚运会环境质量保障，氮氧化物、二氧化硫和烟尘等主要指标，最低降限值 40% 超低排放，为浙江省碧水蓝天绿地贡献央企力量。

三峡集团：长江干流六座梯级电站持续做好调度运行值班值守，加强机组运行管理、大坝安全监测、设备状态监控；华东最大、地处浙江的抽水蓄能电站——长龙山抽水蓄能电站频繁启停参与系统调节，发电方向机组启动 102 次，抽水方向启动 83 次，日均启动次数 11.56 次，成功率 100%，有力保障亚运会电力可靠供应。

浙能集团：成立由集团董事长和总经理为主任的平安护航亚运会工作领导小组，下设能源保供及安全生产、环境质量保证、督查督办等 7 个专项工作小组，统筹推进平安护航亚运各项工作。

专栏 3-7

第三十一届大运会保供电

2023 年 7 月 28 日—8 月 8 日，第三十一届世界大学生夏季运动会在四川成都举行。

国家电网：投入输变配电巡视值守与抢修人员 33334 人次、工程车辆 8571 车次，统筹制订"一站一案、一线一案、一馆一案"等保障方案 567 项，对 49 座大运会场馆和相关输配电设施实施保障，确保电力保障服务延伸到"灯头、话筒、插座"；开展红外、局放、声波等带电检测 25112 次，实现隐患"动态清零"；选派 20 余家单位技术骨干和专家团队组成供电保障支援队伍，调配百余辆应急发电车，全力保障安全可靠供电。

中国华能：坚决贯彻能源保供部署要求，强化应急保障，扎实开展大坝安全提升、重大事故隐患专项排查整治等专项工作；强化设备安全，统筹做好蓄水、发电和检修，合理安排检修计划，做好检修过程与标准化管理。公司在川 20 座水电站、10 座风电场、2 座光伏电站发电设备状态良好，日均发电量 4200 万千瓦·时，为迎峰度夏和成都大运会提供了清洁可靠的电力保障。

中国大唐：四川分公司开展保电督查共 7 次，发现问题 84 项，到期问题整改完成率 100%，成功应对了两轮省级暴雨蓝色预警、两轮局部地区暴雨蓝色预警和"8·7"泸定 3.2 级地震带来的不利影响。大运气期间累计供应 12.16 亿千瓦·时水电、风电、光伏等清洁电量，占四川省总用电量的 11.24%，超装机容量占比 0.68%，所属水电企业水库蓄能值满足电网公司要求。

中国华电：在四川区域第一时间成立大运会能源保供领导小组，制订大运会保供专项方案，细化措施 19 条，开展 45 项重点检查整治，全方位组织开展设备状况评估，排查消除设备隐患。坚持专班推进，拓展煤源，驻矿催交保障电煤，克服运力紧张及铁路检修的不利影响，一厂一策强化保供措施，建立重大缺陷日会商机制，提级管控重大操作。

国家能源集团： 在四川区域第一时间成立大运会能源保供领导小组，制订大运会保供专项方案，细化措施 19 条，开展 45 项重点检查整治，全方位组织开展设备状况评估，排查消除设备隐患。坚持专班推进，拓展煤源，驻矿催交保障电煤，克服运力紧张及铁路检修的不利影响，一厂一策强化保供措施，建立重大缺陷日会商机制，提级管控重大操作。2023 年 6—8 月，完成发电量 119.48 亿千瓦·时，贡献了主网 15.5% 的发电量，超过装机占比 1 个百分点，充分发挥能源保供"主力军"作用。

国家电投： 四川福溪发电有限公司全面加强设备点检维护、隐患排查治理、防汛物资保障力度，实行 0 报告预警机制，2023 上半年连续突破历史最高发电纪录，电量同比增幅高达 39.8%，为区域能源安全筑牢基础。

国投电力： 提前加开 6 台水电机组，全流域共 32 台机组并网运行、6 台机组正常备用，增加旋转备用约 450 万千瓦，千里雅砻江上 1000 余名建设者直接参与电力保供，全面摸排梳理机组运行状态，持续开展设备精益运维，实现了发电设备 0 故障、0 非停，其间雅砻江水风光日均发电量 2.8 亿千瓦·时。

2. 应对极端天气及自然灾害民生保供电

专栏 3-8

华北地区连续强降雨民生保供电

2023 年 7 月 29 日，受台风"杜苏芮"影响，北京市门头沟区、房山区等地遭遇 140 年以来最强降雨，部分地区累计降雨量已经超过 100 毫米，多条道路出现了积水断路的情况，多个国家气象观测站日降水量突破历史极值，电力企业团结协作，及时启动应急预案，全力保障受灾地区电力供应。

国家电网： 充分发挥集团优势，紧急调集直升机、无人机、发电机防汛救灾物资，为防汛救灾提供了坚实的支撑力量。国网北京市电力公司第一时间启动应急响应，成立电力保通抢险救灾总指挥部和门头沟、房山现场指挥部"两级指挥体系"，累计投入抢修队伍 119 支、抢修人员 4.8 万余人次、抢修车辆 1.2 万余车次、发电车 165 台，小型发电机 430 台，累计发电时长达 8335 小时。

中国华能：华北分公司和河北分公司迅速启动防汛应急预案，高效积极应对、有力有序施策，确保电力保供安全平稳。华能北京热电厂在抗击暴雨期间加强对防水排水设备设施进行检查维护，对重点部位，特别是雨水泵房、地下排水设施、氢站等重点区域开展全面巡检，提升厂区低洼处的排水能力，确保排水通畅及机组稳定发电，为首都防洪度汛能源安全稳定供应做出积极贡献。

京能集团：迅速制订电力抢修方案，选派 2 名专业电力维修人员和 1 名联络员组成抢修小队，与 6 名解放军战士、3 名蓝天救援队员共同赶赴房山区大安山煤矿区域开展电力抢修救援工作。由于道路被洪水冲毁，车辆无法行进，小队队员人均背负 20 千克的设备和物资，徒步 20 千米赶往线路受损地点，开展抢修作业。为保障北京市房山区的城内应急能源供应，在铁路和中水供应中断的情况下，京能电力涿州热电及时清点煤厂库存和大宗物资储备，并启动中水中断应急预案，为电力供应筑牢安全防线。

专栏 3-9

东北地区暴雨洪涝灾害民生保供电

2023 年 8 月，东北地区经历罕见的双台风登陆天气，哈尔滨市、牡丹江市等多地受灾，交通、水、电、通信等基础设施受到不同程度损毁。各电力企业全力做好洪涝应急抢险救援，抓紧修复受损基础设施，尽快恢复受灾区域电力供应。

国家电网：紧急调配重型直升机、发电车等装备，实施国内首次全独立自主直升机输电铁塔整塔吊装作业。国网黑龙江电力紧急调拨应急发电车 32 台及各类抢险物资，组织精干抢修力量 1876 人、抢修车辆 427 台，采取发电车临时供电、具备抢修条件的"应抢尽抢"、运用特殊和过渡供电方式等措施，全力以赴做好抢险救灾和供电服务保障工作。主动对接移动公司，采用提供发电车等三种方式快速恢复 21 座基站供电，保障受灾地区民生用电、通信用电快速恢复。

中国华电：深入贯彻落实国家关于安全生产和防汛救灾重要指示批示精神，准确把握松花江、嫩江流域防汛面临的严峻形势和任务，认真做好汛期隐患排查治理，强化监测预报预警，做好各项应急准备，对厂房、电缆沟、泵站、煤场等防汛重点部位、重点设备全面巡视、驻守监控、动态排查、精准防控，落实落细各项防汛措施，严防洪水倒灌，将极端天气所带来的安全风险降至最低，确保人员、设备安全，发电供热稳定，全力以赴筑牢防汛安全"堤坝"，全力保障汛期电力可靠供应。

专栏 3-10

南方极端暴雨灾害民生保供电

2023 年 9 月，受台风残余环流、季风和弱冷空气共同影响，广东省经历了罕见的极端暴雨灾害天气，深圳市发生超历史记录的特大暴雨，具有"强度超强、持续时间超长、强降雨范围超广"的特征，打破 1952 年有气象记录以来 7 项历史极值。各电力企业迅速落实各项应急预案措施，全力以赴保障人民群众生产和生活安全可靠用电。

南方电网： 坚持全网一盘棋，上下联动开展抗灾抢险，紧急调拨 290 台发电车、100 多只队伍、超过 2270 人的业务骨干火速集结深圳，日夜鏖战、众志成城，全力支持打赢抗洪抢险保供电大会战。依据"平战结合""互援""互备"思路，建立"1+N"应急支援互助机制，协调交管部门对外地应急发电车等实行不限行管理，提供 24 小时"现场+线上"调度服务。严格按照"水进、人退、电停，水退、人进、电通"策略开展复电，创新使用汽车一体式烘干机快速烘干水浸设备，有效避免涉电公共安全事件，实现抢险救灾零事故。

中国大唐： 成立应急队伍 36 支、组织应急队员 1522 人、准备应急物资 476 项。领导班子成员率队前往位于广东湛江的雷州发电公司，下沉一线安排部署防御工作，召开现场+视频会议，精准施策开好"方子"，确保各项防台防汛抗灾救灾责任到岗到人、措施到边到底。"泰利"过境期间，大唐集团广东分公司累计发电量 1.2 亿千瓦·时，在役的"水风光火"电站各机组保持安全稳定运行，以稳定可靠的电力供应守住了能源安全底线。

中国华电： 广东区域防汛应急指挥部迅速行动，密切关注台风信息，及时在广东区域防台防汛应急信息群发布台风路径，区域相关单位及时汇报台风和生产动态，毫不松懈地落实台风防御和灾害防范措施，结合实际情况认真研判灾害风险，强化应急值守，确保打赢人身设备安全保卫战、能源保供攻坚战。

专栏 3-11

甘肃积石山地震灾害民生保供电

2023 年 12 月 18 日 23 时 59 分，甘肃省临夏州积石山县发生 6.2 级地震，造成甘肃、青海两省 70 余万人不同程度受灾，严寒天气给救援工作带来巨大挑战，电力保供形势十分严峻。电力企业统筹安排抢修力量，科学调整电网运行方式，确保大电网安全和电力可靠供应，全力做好抗震救灾保供电工作。

国网甘肃电力: 迅速启动应急响应,组织临夏、兰州、甘南、定西、白银、天水公司共调派 14 台应急电发电车、179 台车辆、1071 人供电保障人员陆续出发前往震区开展供电保障支援,第一时间安排 200 千瓦发电车对大河家镇中西医结合医院进行供电保障,500 千瓦发电车对大河家镇清真大寺广场临时安置点进行供电保障,点亮了地震核心区域的第一盏灯。共计完成 15774 间活动板房、11706 顶帐篷接电任务,投运配电变压器 48 台,新建 10kV 线路 6.165 千米,组立杆塔 191 基,圆满完成抗震救灾保供电任务。

中国华能: 迅速部署抗震救灾,保障民生电热。华能华亭煤业公司迅速集结 26 人专业救援队赶往灾区,第一时间紧急优先为地震灾区调装 200 吨煤炭。华能甘肃公司迅速启动应急预案,以最快速度组织所属基层单位开展地震影响排查、能源保供应急处置和人员设备安全检查,密切监视发电机组、主辅设备和供热管网运行情况,对厂房主体结构、干煤棚、电缆沟、支吊架等重点部位展开拉网式排查,全面核实基建现场设施设备安全状况。

国家能源集团: 宁夏电力宁东公司迅速启动应急预案,开展专项排查,对机房内汽轮机、发电机、油系统、磨煤机等重点设备进行细致检查,转机设备听音测振,有异常做到早发现、早处理,防止设备损坏;对主变压器及升压站各触头测温,检查主变压器油位油温、断路器六氟化硫介质压力正常,各配电室变压器及开关运行正常,排查热控测点有无松动;监盘人员全面检查机组运行参数,确保各主辅设备安全运行,保障电力可靠稳定供应。

国家电投: 立即成立地震灾害专项应对小组,驻甘、驻青单位党组织迅速响应,成立多支党员先锋队、突击队,第一时间疏散引导宿舍楼员工撤往办公楼广场紧急避险,搭建两个临时住宿点、240 多个床位并为住宿点员工提供热水和食物;组织专业力量对承担西北电网重要调峰调频支撑作用但受损严重的积石峡水电站启动专项应急机制,全面排查设备隐患,冒着余震风险成功开启闸门泄洪,确保了大坝安全,在震后 4 小时内实现 3 台机组全部开机并网,为震后抢险救灾提供了坚实的电力保障。

第四节 国际对标与交流

一、世界银行电力可靠性评价

世界银行在 2001 年正式设立全球营商环境评估项目组,在营商环境 Doing Business 评价体系中,"获得电力"作为一级指标在 2012 年被列入营商环境评估指标体系内。其中供电可靠性及其管理手段是重要评价内容,主要评价指标和内容包含:用户平均停电时间(SAIDI,

见图 3-7）、用户平均停电频率（SAIFI，见图 3-8）、输配电公用事业公司采用的监测停电和恢复电力供应工具、监管机构是否监督公用事业公司在供电可靠性方面的表现、是否有财务上的遏制措施来限制停电。

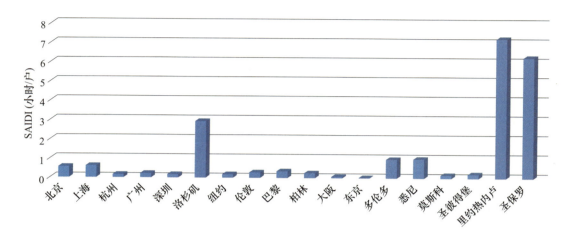

图 3-7 全球主要城市用户平均停电时间

注：国内数据来自中电联 2023 年统计数据，国外数据来自世界银行《2020 营商环境报告》

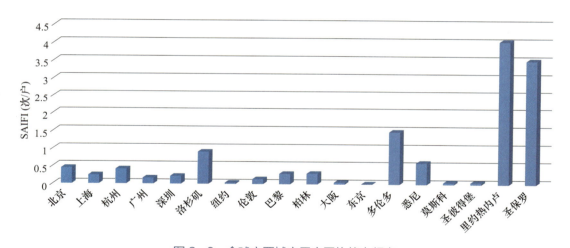

图 3-8 全球主要城市用户平均停电频率

注：国内数据来自中电联 2023 年统计数据，国外数据来自世界银行《2020 营商环境报告》。

我国北京与上海两个城市参与营商环境监测评价，在世界银行最新的《2020 营商环境报告》中，我国排名提升至全球第 31 名，其中"获得电力"指标跃升至第 12 名，供电可靠性相关指标获得满分。

2023 年 5 月 1 日，世界银行正式发布了全新的 B-READY（Business Ready）评价体系指南和方法手册。从目前公布的信息来看，B-READY 主要通过专家咨询和企业调查两种方式收集数据，将根据可量化指标评价世界各经济体表现，主要目标是推动改革，尽量避免在经济体引起"排名潮"。在 B-READY 评价体系中，电力可靠性仍作为重要内容纳入公共基础设施（水、电、互联网）服务板块进行评价，关注重点不仅局限于供电可靠性指标优劣，对供电可靠性政府监管、考核目标设置、指标公布等方面提出了更为明确细致的要求。评价主要涉及公用事业服务主题的监管法规、监管质量和透明度、服务效率三方面：① 要求建立供电可靠性监管的质量法规和监测标准，对不符合标准的要建立补偿或惩罚机制；② 要求设置供电可靠性关键绩效指标（停电时间和频率），并定期通过互联网进行发布；③ 按类别开展企业调查，获取用户对停电时间和频率的感知。

二、国际电力可靠性指标发布口径

全球主要国家均要求电力可靠性负责单位向监管部门（机构）提交年度网络供应中断报告，报告内容必须包括供电中断时间、持续时间、程度和原因等要素，并包含为避免因相应事件导致未来供应中断而采取的措施。我国电力可靠性管理监管要求各级电力企业报送月度停电事件清单及可靠性指标，电力企业集团报送年度电力可靠性报告。

国际主要国家供电可靠性指标一般由监管部门/机构或配电公司发布，在重大自然灾害导致的用户停电、计划停电事件处理方式上存在差异，发布口径主要分为三类：

（1）全量停电事件口径。发布的供电可靠性指标包含所有预安排与故障停电事件，代表企业包括葡萄牙电力和加拿大 Hydro One 等。我国供电可靠性指标主要采用此口径。

（2）剔除重大事件日或自然灾害停电事件口径。依据 IEEE 1366—2012 标准，发布剔除所有重大事件日或自然灾害停电事件后的供电可靠性指标，代表企业包括韩国电力、马来西亚马来德纳加、沙特电力、法国电力、西班牙伊维尔德罗拉、意大利电网、加拿大富通、德国意昂、波兰 PGE、菲律宾马尼拉电力等。我国供电可靠性指标发布包含剔除重大事件日口径，未包含剔除自然灾害口径。

（3）剔除重大事件日或自然灾害、计划停电事件口径。在依据 IEEE 1366—2012 剔除重大事件日或自然灾害停电事件基础上，发布进一步剔除计划停电事件的供电可靠性指标，代表企业包括美国电力、Dominion、埃克西尔能源、DTE、杜克能源、爱克斯龙、新世代、桑普拉能源、PPL、Eversource、WEC、南方电力，英国国家电网、苏格兰南方能源，捷克策斯，巴西 CPFL，德国意昂，波兰 PGE 等。我国供电可靠性指标发布未包含剔除计划停电口径。

（4）用户感知口径。发布仅包含收到中低压用户反馈所涉及停电事件的供电可靠性指标，代表企业为新加坡电力。

三、国际交流与合作

专栏 3－12

国家电网推进电力可靠性国际交流与实践，发挥国际标准战略引领

国家电网：在第 24 届东亚及西太平洋电力工业协会大会期间，与马尼拉电力公司、新加坡电力公司、香港中华电力等企业围绕配电网可靠性提升、数字化转型、标准创新实践等领域开展深度研讨，完成电网网架、设备质量、评价指标、管理实践等方面的国际对标，共同推动供电可靠性技术进步和管理提升。

国家电网以核心指标对标国际领先为配电网发展目标，打造国际现代化城市配电网建设标杆，已建成 35 个国际一流城市配电网先行示范区，为打造国际一流营商环境提供强大助力。高度重视发挥国际技术标准战略引领作用，依托自主创新成果与实践经验，牵头制定 IEEE 国际标准 IEEE Std 2749™—2023 Recommended Practice for Risk Identification and Evaluation of Smart Power Distribution System（智能配电系统风险辨识与评估推荐性实践）正式出版发布，填补了配电网风险辨识与评估技术在国际标准中的空白，为配电网实施以可靠性为中心的电力设备检修提供重要支撑。

国网上海电力公司赴日本大阪参加 IUWG 国际大城市供电组织年会，针对配电网安全运行、可靠性提升和企业运营管理等方面，与美国纽约电力 Con Edison、法电 Enedis、澳电 Ausgrid、东京电力 TEPCO 等十余家国际电力企业进行广泛研讨，为进一步提升企业管理水平和可靠供电水平提供了更加开阔的国际视野。

专栏 3－13

南方电网常态化开展电力可靠性国际交流与对标

南方电网：编制印发了《对标世界一流企业价值创造行动实施方案》，找差距、定目标、寻路径、提措施，学习借鉴先进管理经验，健全完善公司电力可靠性管理制度和标准体系，不断优化营商环境，切实提升电力可靠性水平。参照国际部分先进电力企业可靠性评价方法，建立可靠性对标体系，从网架结构、运行管理、技术进步等方面开展对标，找出差距、总结原因，部署追赶路径、做好计划安排。

南方电网常态化开展国际交流与对标，10 月，组织深圳供电局前往香港中华电力有限公

司（CLP）进行对标调研，从资产管理绩效考核方式、设备状态监测检测、基于 RCM 状态检修方法等方面开展了深度研讨。11 月，广州供电局赴新加坡能源电网公司（SPPG）、胜科集团（Sembcorp）、华为新加坡分公司、日立能源、三菱电机、日本海外电力调查会等企业、机构开展调研，从公司治理与企业管理、技术应用、资产管理等主题出发，对可靠性管理策略、体系建设、指标量化、绩效分配等重要领域进行了探讨，完成了在配电网网架、供电质量、设备管理、技术赋能等方面的全面对标，形成启示与建议。

专栏 3-14

国家能源集团可靠性管理经验在海外生产项目的探索应用

国家能源集团：在"一带一路"国际合作发电项目中，积极探索和总结海外可靠管理工作经验，坚持高标准、严要求，认真落实"四个到位""现场、现实、现在"等安全管理理念，严格执行国家能源下发的控降非停工作方案，强化设备巡检和参数分析。落实管理人员包保责任制，定区域、定责任、定周期、分系统做好隐患常态化排查治理，每天上午、下午对责任区域设备设施状况及现场作业各进行一次检查，发现问题督促相关责任人员进行整改。

国家能源集团结合印尼当地自然气候特点做好雨季、旱季、海生物聚集期等针对性排查。2023 年，印尼爪哇公司开展各类隐患排查整治 73 次，整改问题 150 余项，消除各级隐患 39 项，有力保障机组全年实现零非停、零非降。南苏公司认真开展运行"防三误"、锅炉防磨防爆、大容量辅机可靠性及电气热工专项治理，两台机组实现了全年连续超 250 天，其中 2 号机组全年连续稳定运行。

专栏 3-15

三峡集团水电国际国外双向对标管理

三峡集团：积极开展国际一流大型水电厂指标体系研究与实践。全面分析国内外水电行业发展水平，借鉴国际水电评估工具，率先在行业内创建了一套国际一流大型水电厂指标体系与评价方法，为国内外水电企业开展管理对标提供了准则，有效支撑能源企业科学开展国际一流企业对标、评价工作。成果已在长江干流六座梯级电站试点应用，通过试点评价对标提升，进一步提高了各电站安全质量及设备运维水平。

三峡集团充分发挥国内大水电运维管理优势，将大水电管理理念与境外实际情况相结合，探索建立基于自主运维为核心的国际电力生产管理体系。通过大力引入国内水电标准，创新检修模式，积极引入中国企业参与国际竞争来开展机组技术改造，持续加强设备运维管理，电力设备运行可靠性得到显著提升。在巴西能源发电协会（ABRAGE）组织开展的年度行业分析，三峡集团巴西水电参评机组可利用率名列前茅，实际可利用率等指标高于行业均值，在巴西水电行业起到了标杆作用。

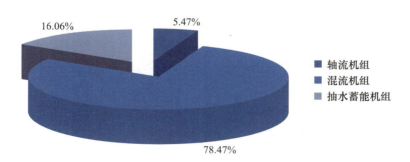

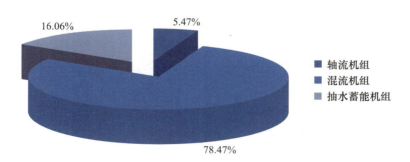

第四章

电力可靠性指标

第一节 发电设备可靠性

2023 年，全国纳入可靠性管理统计的发电机组❶，共计 66785 台，各类型机组统计总装机容量之和为 1420011.0 兆瓦。其中，水电机组 1061 台，统计装机容量为 274094.9 兆瓦；火电机组 2200 台（含 265 台燃气轮机组），统计装机容量为 972042.9 兆瓦；核电机组 51 台，统计装机容量为 52947.7 兆瓦；风电机组 63473 台，统计装机容量为 120925.5 兆瓦。

一、水电机组运行可靠性

（一）装机情况

2023 年，全国纳入可靠性管理统计的水电机组中，轴流机组 141 台，统计总装机容量 14892.86 兆瓦，占统计水电总装机容量的 5.47%；混流机组 755 台，统计总装机容量 215073.00 兆瓦，占统计水电总装机容量的 78.47%；抽水蓄能机组 165 台，统计总装机容量 44129.00 兆瓦，占统计水电总装机容量的 16.06%。2023 年 50 兆瓦及以上容量水电机组按类型分类统计装机容量构成如图 4−1 所示。

图 4−1 2023 年 50 兆瓦及以上容量水电机组按类型分类统计装机容量构成

---

❶ 统计范围为水电单机容量 50 兆瓦及以上、火电单机容量 100 兆瓦及以上、核电机组、风电机组，且参与统计的机组投运时间至少满 1 年，本节所指均为此统计口径。

　　按单机容量分类，50～99 兆瓦机组 326 台，总容量 21573.96 兆瓦，占统计水电总装机容量的 7.87%；100～199 兆瓦机组 209 台，总容量 28550.00 兆瓦，占统计水电总装机容量的 10.42%；200～299 兆瓦机组 142 台，总容量 32870.00 兆瓦，占统计水电总装机容量的 11.99%；300～399 兆瓦机组 184 台，总容量 57815.20 兆瓦，占统计水电总装机容量的 21.09%；400 兆瓦及以上容量机组 200 台，总容量 133290.00 兆瓦，占统计水电总装机容量的 48.63%。2023 年 50 兆瓦及以上容量水电机组按容量等级分类统计装机容量构成如图 4-2 所示。

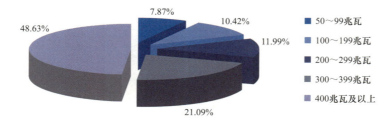

图 4-2　2023 年 50 兆瓦及以上容量水电机组按容量等级分类统计装机容量构成

（二）水电机组主要可靠性指标

　　2023 年，水电机组可靠性指标同比总体平稳，运行系数 50.85%，同比下降 4.08 个百分点；等效可用系数 93.38%，同比上升 0.43 个百分点；等效强迫停运率 0.03%，同比下降 0.01 个百分点；非计划停运次数 0.15 次/（台·年），同比上升 0.02 次/（台·年）；计划停运次数 1.9 次/（台·年），同比上升 0.06 次/（台·年）。2022—2023 年水电机组主要运行可靠性指标如图 4-3 所示。2023 年全国 50 兆瓦及以上容量水电机组主要运行可靠性指标见附表 2。

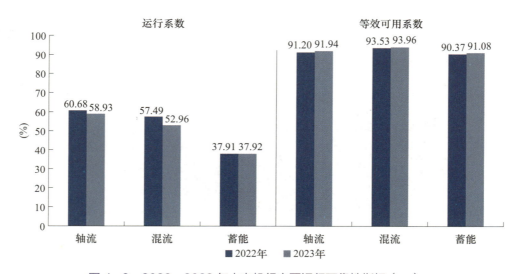

图 4-3　2022—2023 年水电机组主要运行可靠性指标（一）

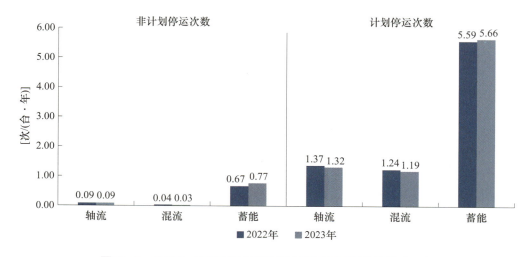

图 4-3　2022—2023 年水电机组主要运行可靠性指标（二）

1. 等效可用系数

2023 年，水电机组台年平均等效可用系数 93.38%，同比上升 0.43 个百分点；轴流机组等效可用系数为 91.94%，同比上升 0.74 个百分点；混流机组等效可用系数为 93.96%，同比上升 0.43 个百分点；抽水蓄能机组等效可用系数为 91.08%，同比上升 0.71 个百分点。近五年，全国轴流、混流水电机组台年平均等效可用系数均保持在 91.00% 以上，抽水蓄能机组台年平均等效可用系数逐年增加。2019—2023 年水电机组等效可用系数如图 4-4 所示。

图 4-4　2019—2023 年 50 兆瓦及以上容量水电机组等效可用系数

2. 等效强迫停运率

2023 年，水电机组台年平均等效强迫停运率为 0.03%，同比下降 0.01 个百分点；轴流机组等效强迫停运率为 0.04%，同比上升 0.02 个百分点；混流机组等效强迫停运率为 0.01%，同比下降 0.01 个百分点；抽水蓄能机组等效强迫停运率为 0.12%，同比下降 0.07 个百分点。2019—2023 年水电机组等效强迫停运率如图 4-5 所示。

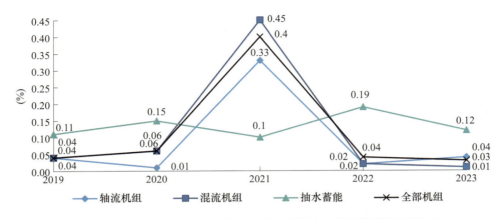

图 4-5　2019—2023 年 50 兆瓦及以上容量水电机组等效强迫停运率

3. 非计划停运次数

2023 年，水电机组台年平均非计划停运次数为 0.15 次/（台·年），同比上升 0.02 次/（台·年）；轴流机组台年平均非计划停运次数为 0.09 次/（台·年），同比持平；混流机组台年平均非计划停运次数为 0.03%，同比降低 0.01 次/（台·年）；抽水蓄能机组台年平均非计划停运次数为 0.77 次/（台·年），同比上升 0.10 次/（台·年）。近五年，全国水电机组台年平均非计划停运次数相对稳定。2019—2023 年水电机组非计划停运次数如图 4-6 所示。

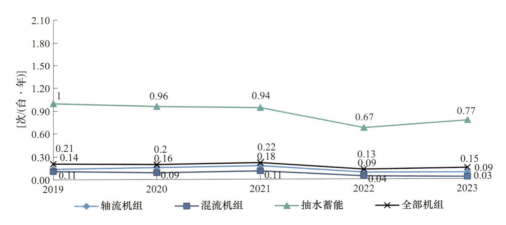

图 4-6　2019—2023 年 50 兆瓦及以上容量水电机组非计划停运次数

4. 计划停运次数

2023 年，水电机组台年平均计划停运次数为 1.90 次/（台·年），同比上升 0.06 次/（台·年）；轴流机组台年平均计划停运次数为 1.32 次/（台·年），同比降低 0.05 次/（台·年）；混流机组台年平均计划停运次数为 1.19 次/（台·年），同比下降 0.05 次/（台·年）；抽水蓄能机组台年平均计划停运次数为 5.66 次/（台·年），同比上升 0.07 次/（台·年）。近五年全国水电机组台年平均计划停运次数稳中略降。2019—2023 年水电机组计划停运次数如图 4-7 所示。

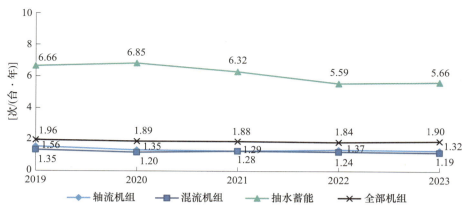

图 4-7　2019—2023 年 50 兆瓦及以上容量水电机组计划停运次数

（三）机组非计划停运

2023 年，水电机组（1061 台）共发生非计划停运 159 次，非计划停运总时间 2949.83 小时，非计划停运次数为 0.15 次/（台·年），同比上升 0.02 次/（台·年），非计划停运时间为 2.91 小时/（台·年），同比下降 0.15 小时/（台·年）。2022—2023 年水电机组非计划停运可靠性指标如图 4-8 所示。

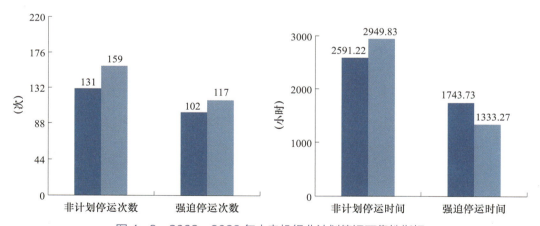

图 4-8　2022—2023 年水电机组非计划停运可靠性指标

强迫停运共发生 117 次，总计 1333.40 小时，占全部非计划停运总时间的 45.20%。强迫停运次数同比增加 15 次，停运时间同比减少 410.33 小时。强迫停运次数为 0.11 次/（台·年），同比上升 0.01 次/（台·年），强迫停运时间为 1.35 小时/（台·年），同比降低 0.72 小时/（台·年）。

水电厂主设备中，变压器引起的非计划停运次数和时间分别为 0.08 次/（台·年）、0.65 小时/（台·年），累计停运时间占非计划停运总时间的 22.41%；发电机引起的非计划停运次数和时间分别为 0.03 次/（台·年）、1.48 小时/（台·年），累计停运时间占非计划停运总时间的 50.69%；水轮机引起的非计划停运次数和时间分别为 0.02 次/（台·年）、0.20 小时/

（台·年），累计停运时间占非计划停运总时间的 6.70%。2023 年水电机组主设备非计划停运情况见表 4−1。

表 4−1　　　　　　　2023 年水电机组主设备非计划停运情况

序号	主设备	停运次数 ［次/（台·年）］	停运时间 ［小时/（台·年）］	*百分比（%）
1	变压器	0.08	0.65	22.41
2	发电机	0.03	1.48	50.69
3	水轮机	0.02	0.20	6.70

*百分比：占机组非计划停运时间的百分比。

非计划停运的责任原因中设备老化为第一位，引起的非计划停运次数和时间分别为 0.05 次/（台·年）和 0.59 小时/（台·年），累计停运时间占非计划停运总时间的 21.81%；其次是产品质量问题，引起的非计划停运次数和时间分别为 0.04 次/（台·年）和 1.43 小时/（台·年），累计停运时间占非计划停运总时间的 52.84%；排在第三位的是施工安装不良问题，引起的非计划停运次数和时间分别为 0.01 次/（台·年）和 0.24 小时/（台·年），累计停运时间占非计划停运总时间的 8.98%。2023 年非计划停运的前三位责任原因如图 4−9 所示。

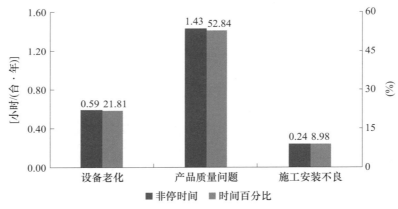

图 4−9　2023 年非计划停运的前三位责任原因

2023 年，轴流机组（141 台）共发生非计划停运 13 次，非计划停运总时间 516.58 小时，非计划停运次数和时间分别为 0.09 次/（台·年）、2.81 小时/（台·年），同比分别增加 0.01 次/（台·年）、0.18 小时/（台·年）；混流机组（755 台）共发生非计划停运 19 次，非计划停运总时间 740.57 小时，非计划停运次数为 0.03 次/（台·年），同比持平，非计划停运时间为 0.77 小时/（台·年），同比降低 0.57 小时/（台·年）；抽水蓄能机组（165 台）共发生非计划停运 127 次，非计划停运总时间 1692.68 小时，非计划停运次数和时间分别为 0.77 次/（台·年）、13.39 小时/（台·年），同比分别增加 0.11 次/（台·年）、0.49 小时/（台·年）。

（四）2022 年投产水电机组在 2023 年的主要运行可靠性指标

2022 年投产水电机组纳入 2023 年可靠性管理统计的共 51 台，总容量为 22145.72 兆瓦，2023 年等效可用系数为 94.97%，同比增加 1.19 个百分点；非计划停运次数 0.71 次/（台·年），同比上升 0.2 次/（台·年）。2019—2023 年水电机组投产后第一年主要运行可靠性指标见表 4-2。

表 4-2 　　　　　　　 2019—2023 年水电机组投产后第一年主要运行可靠性指标

年份	投产年份	统计台数（台）	平均容量（兆瓦/台）	运行系数（%）	等效可用系数（%）	等效强迫停运率（%）	非计划停运次数［次/（台·年）］
2019	2018	22	251.30	53.61	92.05	0.03	1.45
2020	2019	14	213.57	54.60	95.09	0.08	0.14
2021	2020	21	448.29	51.89	92.83	0.01	0.24
2022	2021	39	476.87	52.63	93.78	0.07	0.51
2023	2022	51	433.61	48.67	94.97	0.12	0.71

2022 年投产，纳入 2023 年可靠性指标统计的水电轴流机组共 4 台，总容量为 362.52 兆瓦，2023 年运行系数为 53.24%，等效可用系数为 98.43%，非计划停运次数为 0 次/（台·年）。混流机组共 15 台，总容量为 11833.2 兆瓦，2023 年运行系数为 52.73%，等效可用系数为 96.09%，非计划停运次数为 0 次/（台·年）。抽水蓄能机组 32 台，容量为 9950 兆瓦，2023 年运行系数为 43.7%，等效可用系数为 93.53%，等效强迫停运率 0.21%，非计划停运次数为 1.13 次/（台·年）。

二、燃煤机组运行可靠性

（一）装机情况

2023 年，全国纳入可靠性管理统计的燃煤机组共计 1935 台，总容量 895147 兆瓦，占火电统计总装机容量的 92.08%。

燃煤机组中，纳入可靠性统计的 1000 兆瓦及以上容量机组 161 台，总容量 163205 兆瓦，占统计燃煤机组装机容量的 18.23%；600～699 兆瓦容量机组 594 台，总容量 375431 兆瓦，占统计燃煤机组装机容量的 41.94%；300～399 兆瓦容量机组 930 台，总容量 302440 兆瓦，占统计燃煤机组装机容量的 33.79%；200～299 兆瓦容量机组 115 台，总容量 23615 兆瓦，占统计燃煤机组装机容量的 2.64%；100～199 兆瓦容量机组 113 台，总容量 15836 兆瓦，占统计燃煤机组装机容量的 1.77%；其余容量等级机组 22 台，总容量 14620 兆瓦，占统计燃煤机组装机容量的 1.63%。2023 年 100 兆瓦及以上容量燃煤机组统计装机容量构成如图 4-10 所示。

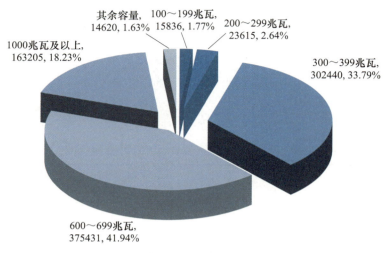

图 4-10　2023 年 100 兆瓦及以上容量燃煤机组统计装机容量构成

（二）主要可靠性指标

2023 年，燃煤机组可靠性指标总体维持在较高水平。运行系数为 80.68%，同比上升 1.84 个百分点；等效可用系数为 91.73%，同比上升 0.22 个百分点；等效强迫停运率为 0.62%，同比上升 0.04 个百分点；非计划停运次数 0.45 次/（台·年），同比减少 0.07 次/（台·年）。2022—2023 年燃煤机组主要运行可靠性指标如图 4-11 所示。2022、2023 年各地区 100 兆瓦及以上容量燃煤机组等效可用系数及非计划停运次数如图 4-12 所示。2022、2023 年各地区❶ 100 兆瓦及以上容量燃煤机组主要运行可靠性指标见表 4-3。2023 年全国 100 兆瓦及以上容量燃煤机组台年平均可靠性指标见附表 3。

图 4-11　2022—2023 年燃煤机组主要运行可靠性指标

---

❶ 注：华北地区—北京、天津、河北、山东、山西、内蒙古；东北地区—辽宁、吉林、黑龙江；华东地区—上海、江苏、浙江、安徽、福建；华中地区—河南、湖北、湖南、江西、四川、重庆；西北地区—陕西、甘肃、青海、宁夏、新疆、西藏；南方地区—广东、广西、云南、贵州、海南。

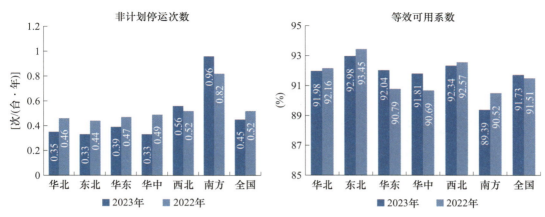

图4-12　2022、2023年各地区100兆瓦及以上容量燃煤机组等效可用系数及非计划停运次数

表4-3　　2022、2023年各地区100兆瓦及以上容量燃煤机组主要运行可靠性指标

地区	统计台数（台）		平均容量（兆瓦/台）		每千瓦装机发电量（兆瓦时/千瓦）		运行系数（%）		等效可用系数（%）		非计划停运次数［次/（台·年）］	
	2022年	2023年	2022年	2023年	2022年	2023年	2022年	2023年	2022年	2023年	2022年	2023年
华北	621	626	390.6	398.71	4.61	4.67	79.64	80.46	92.16	91.98	0.46	0.35
东北	165	169	351.39	355.03	3.42	3.45	75.71	79.6	93.45	92.98	0.44	0.33
华东	353	355	575.21	579.46	5.09	5.25	81.84	83.53	90.79	92.04	0.47	0.39
华中	292	293	496.31	508.03	4.25	4.18	75.62	76.4	90.69	91.81	0.49	0.33
西北	245	250	433.33	440.1	4.96	4.8	83.88	83.05	92.57	92.34	0.52	0.54
南方	244	242	483.36	499.73	4.34	4.85	72.94	79.91	90.52	89.39	0.82	0.95
全部	1920	1935	454.49	462.59	4.59	4.68	78.84	80.68	91.51	91.73	0.52	0.45

1. 等效可用系数

2023年，燃煤机组台年平均计划停运时间和非计划停运时间减少，使得加权平均等效可用系数同比上升0.22%，300兆瓦等级机组、600兆瓦等级机组、1000兆瓦等级机组等效可用系数同比分别上升0.08、0.11、0.92个百分点。等效可用系数由2019年的92.79%下降至2023年的91.73%，仍保持在91%以上。2019—2023年燃煤机组等效可用系数如图4-13所示。

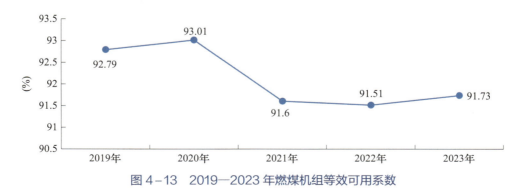

图4-13　2019—2023年燃煤机组等效可用系数

2. 非计划停运次数和等效强迫停运率

2023 年，燃煤机组台年平均非计划停运次数同比有所下降，等效强迫停运率同比有所上升，其中非计划停运次数 0.45 次/（台·年），同比下降 0.07 次/（台·年），等效强迫停运率 0.62%，同比上升 0.04 个百分点。近五年非计划停运次数在减少，但是强迫停运次数上升。非计划停运次数由 2019 年的 0.51 次/（台·年）下降至 2023 年的 0.45 次/（台·年），等效强迫停运率由 2019 年的 0.49%上升至 2023 年的 0.62%。2019—2023 年燃煤机组非计划停运次数、等效强迫停运率如图 4−14、图 4−15 所示。

图 4−14　2019—2023 年燃煤机组非计划停运次数

图 4−15　2019—2023 年燃煤机组等效强迫停运率

3. 利用小时

2023 年，燃煤机组利用小时为 4680.28 小时/（台·年），同比增加 91.35 小时/（台·年）；华中和西北区域利用小时有所下降，其余区域均有不同程度的上升。2019—2023 年燃煤机组利用小时如图 4−16 所示。2019—2023 年燃煤机组区域利用小时如图 4−17 所示。

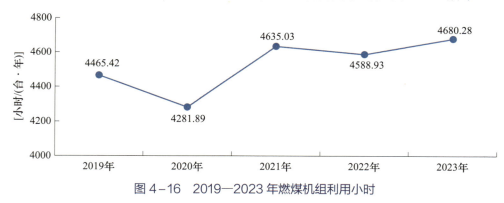

图 4−16　2019—2023 年燃煤机组利用小时

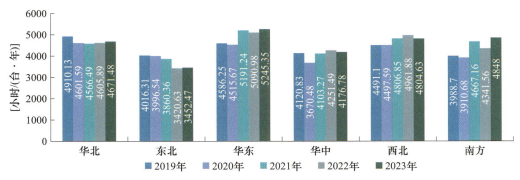

图 4-17　2019—2023 年各区域燃煤机组利用小时

4. 备用小时

2023 年，全国平均备用时间同比下降 147.03 小时，除华中和西北区域燃煤机组备用小时同比有所上升外，其余各区域燃煤机组备用小时均有所下降，其中区域备用时间最长的为华中区域 1349.57 小时，区域备用时间最短的为华东区域 749.99 小时；区域备用时间同比下降最多的南方区域，同比下降 717.72 小时。2019—2023 年按区域分类的燃煤发电机组备用小时如图 4-18 所示。2023 年各省（区、市）100 兆瓦及以上容量燃煤机组备用及运行时间见附表 4。

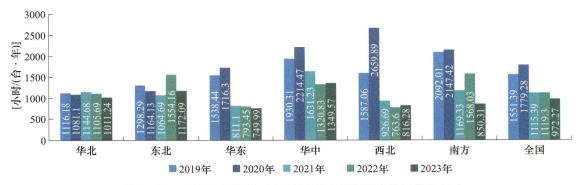

图 4-18　2019—2023 年按区域分类的燃煤发电机组备用小时

5. 计划停运小时

2023 年，燃煤机组计划停运时间 666 小时/（台·年），同比减少 11.85 小时/（台·年），计划停运次数 0.96 次/（台·年），同比减少 0.04 次/（台·年）。全年 A 修的机组有 302 台，同比增加 20 台。受燃煤机组灵活性改造的影响，2021—2023 年连续三年台年平均计划停运时间在 640 小时以上。2019—2023 年燃煤机组计划停运小时如图 4-19 所示。

（三）机组非计划停运

1. 非计划停运总体情况

2023 年，全国 1935 台燃煤机组共发生非计划停运 870 次，非计划停运总时间为 100808.03

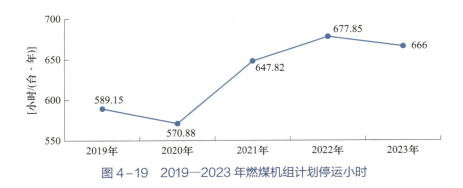

图 4-19　2019—2023 年燃煤机组计划停运小时

小时，台年平均停运 0.45 次、53.97 小时，同比分别下降 0.07 次、2.92 小时。其中持续时间超过 300 小时的非计划停运共 73 次，非计划停运时间 40772.99 小时，占全部燃煤机组非计划停运总时间的 40.45%。

发生强迫停运 762 次，强迫停运总时间 80353.75 小时，台年平均值分别为 0.40 次、43.54 小时，次数同比持平，台年平均强迫停运小时上升 4.76 小时。强迫停运占全部燃煤机组非计划停运总时间的 79.71%。

2. 三大主设备非计划停运情况

锅炉、汽轮机、发电机三大主设备中，锅炉是引起非计划停运的主要部件，非计划停运台年平均为 0.22 次、85.99 小时，占全部燃煤机组非计划停运总时间的 57.21%。锅炉、汽轮机、发电机三大主设备引发的非计划停运占到了全部燃煤机组非计划停运总时间的 76.53%。2023 年三大主设备非计划停运情况见表 4-4。

表 4-4　　　　　　　　　2023 年三大主设备非计划停运情况

序号	主设备	停运次数 [次/（台·年）]	停运时间 [小时/（台·年）]	百分比*（%）
1	锅炉	0.22	85.99	57.21
2	汽轮机	0.05	21.39	12.33
3	发电机	0.02	12.13	6.99

*百分比：占机组非计划停运时间的百分比。

3. 非计划停运主要责任原因

发生非计划停运的责任原因中产品质量不良为第一位，平均 0.10 次/（台·年）和 45.03 小时/（台·年）。前五位主要责任是产品质量不良、设备老化、检修质量不良、运行不当、燃料影响，占全部燃煤机组非计划停运总时间的 75.17%。运行不当引起的非计划停运近两年占比在上升。2023 年燃煤机组非计划停运的前五位责任原因见表 4-5。2023 年燃煤机组非计划停运责任原因占机组非计划停运时间百分比如图 4-20 所示。

表 4-5　　　　　　　　　　2023 年燃煤机组非计划停运的前五位责任原因

序号	事件原因	停运次数 [次/（台·年）]	停运小时 [小时/（台·年）]	百分比*（%）
1	产品质量	0.10	45.03	25.95
2	设备老化	0.08	37.70	21.73
3	检修质量不良	0.05	19.63	11.31
4	运行不当	0.05	9.20	5.3
5	燃料影响	0.04	18.87	10.88

*百分比：占机组非计划停运时间的百分比。

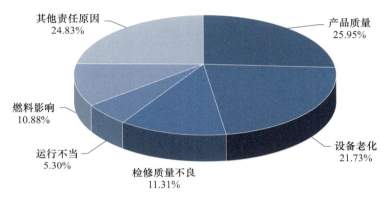

图 4-20　2023 年非计划停运责任原因占机组非计划停运时间百分比

　　2023 年，停运次数最多的是 10～100 小时区间的非计划停运事件，并且大部分是强迫停运事件，占燃煤机组总非计划停运次数的 37.12%，其次在 100～500 小时的区间内非计划停运次数，占燃煤机组总非计划停运次数的 35.98%；超过 1000 小时的有 6 次。2023 年燃煤机组非计划停运事件按持续时间划分表见表 4-6。2023 年燃煤机组非计划停运事件按持续时间划分停运总次数和占比如图 4-21 所示。

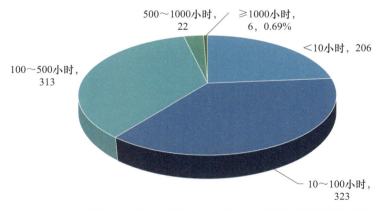

图 4-21　2023 年燃煤机组非计划停运事件按持续时间划分停运总次数和占比

表4-6　　　　　　　　　2023年燃煤机组非计划停运事件按持续时间划分表

非计划停运时间（小时）	停运总次数（次）	占停运次数百分比（%）
＜10	206	23.68
10～100	323	37.12
100～500	313	35.98
500～1000	22	2.53
≥1000	6	0.69

注　各分级数值范围中，下限值包含，上限值为不包含。

4. 主要容量等级燃煤机组按投运年数分类的非计划停运次数

300、600兆瓦和1000兆瓦等级燃煤机组按投运年份分类，300兆瓦等级燃煤机组投运6、31、45年的机组非计划停运次数相对较高。600兆瓦等级燃煤机组投运1、24、27、28年非计划停运次数相对较高。1000兆瓦投运1、3、12年的机组非计划停运次数相对较高。2023年300兆瓦等级燃煤机组按投运年数分类平均非计划停运次数如图4-22所示。2023年600兆瓦等级燃煤机组按投运年数分类平均非计划停运次数如图4-23所示。2023年1000兆瓦

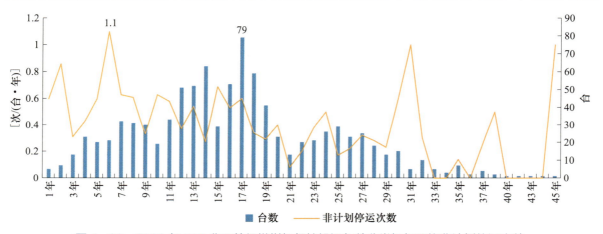

图4-22　2023年300兆瓦等级燃煤机组按投运年数分类机组平均非计划停运次数

图4-23　2023年600兆瓦等级燃煤机组按投运年数分类机组平均非计划停运次数

等级燃煤机组按投运年数分类平均非计划停运次数如图4-24所示。

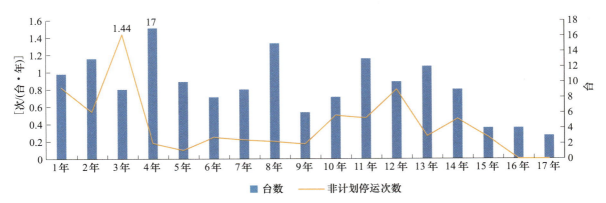

图4-24 2023年1000兆瓦等级燃煤机组按投运年数分类机组平均非计划停运次数

（四）超（超）临界燃煤机组运行可靠性

2023年，纳入可靠性统计的超临界及以上燃煤机组共780台，总容量502201兆瓦，其中超临界燃煤机组468台，超超临界燃煤机组312台。台年平均等效可用系数为91.49%，同比上升0.46个百分点，低于全国100兆瓦及以上容量燃煤机组平均值0.24个百分点。非计划停运次数0.47次/（台·年），同比减少0.11次/（台·年）。2023年超临界及超超临界燃煤机组主要运行可靠性指标见表4-7。2019—2023年超（超）临界燃煤机组主要运行可靠性指标见表4-8。2019—2023年超（超）临界燃煤机组等效可用系数如图4-25所示。

表4-7　　　　　2023年超临界及超超临界燃煤机组主要运行可靠性指标

统计类型	统计台数（台）	利用小时［小时/（台·年）］	非计划停运次数［次/（台·年）］	非计划停运小时［小时/（台·年）］	等效可用系数（%）
超临界	468	4686.25	0.49	48.80	91.66
超超临界	312	4946.90	0.42	65.86	91.32
合计	780	4821.68	0.47	57.67	91.49

表4-8　　　　2019—2023年超（超）临界燃煤机组主要运行可靠性指标

统计年份	统计台数（台）	利用小时［小时/（台·年）］	非计划停运次数［次/（台·年）］	非计划停运小时［小时/（台·年）］	等效可用系数（%）
2019	547	4584.85	0.48	36.15	92.80
2020	629	4418.54	0.51	36.44	92.63
2021	694	4818.24	0.61	75.73	91.34
2022	746	4766.99	0.58	60.40	91.03
2023	780	4821.68	0.47	57.67	91.49

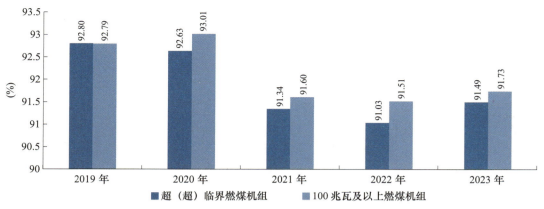

图 4-25　2019—2023 年超（超）临界燃煤机组等效可用系数

（五）各主要容量等级燃煤机组可靠性指标

1. 1000 兆瓦等级燃煤机组主要运行可靠性指标

2023 年，1000 兆瓦等级燃煤机组统计 161 台，均为国产燃煤机组，同比增加 12 台。等效可用系数 91.23%，同比上升 0.92 个百分点；利用小时 5068.01 小时/（台·年），同比上升 58.20 小时/（台·年）；非计划停运共 68 次，其中强迫停运 59 次，分别同比减少 12 次、1 次；非计划停运时间为 9874.32 小时，同比增加 3343.35 小时。2019—2023 年 1000 兆瓦等级燃煤机组主要运行可靠性指标见表 4-9。2023 年 1000 兆瓦等级机组按投运年数分类的平均等效可用系数如图 4-26 所示。

表 4-9　　　　　　2019—2023 年 1000 兆瓦等级燃煤机组主要运行可靠性指标

年份＼指标	统计台数（台）	运行系数（%）	等效可用系数（%）	等效强迫停运率（%）	非计划停运次数［次/（台·年）］
2019	109	78.58	92.42	0.39	0.35
2020	126	75.73	91.77	0.27	0.33
2021	137	81.91	90.57	0.75	0.61
2022	149	81.66	90.31	0.51	0.54
2023	161	83.40	91.23	0.71	0.43

1000 兆瓦等级燃煤机组投运 9 年以上的机组 55 台，占 1000 兆瓦等级机组的 36.92%，平均等效可用系数 90.02%，低于全国 1000 兆瓦等级机组平均等效可用系数 0.29 个百分点。

2. 600 兆瓦等级燃煤机组主要运行可靠性指标

2023 年，600 兆瓦等级燃煤机组统计 594 台，其中国产 562 台，进口 32 台。等效可用系数 91.42%，同比上升 0.11 个百分点；利用小时 4723.85 小时/（台·年），同比增加 123.95 小时/（台·年）；600 兆瓦等级燃煤机组发生非计划停运总计 274 次，其中强迫停运 234 次；分

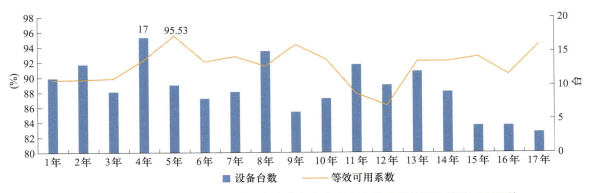

图 4-26　2023 年 1000 兆瓦等级机组按投运年数和台数分类的平均等效可用系数

别同比减少 68、26 次；非计划停运总时间为 33560.68 小时，同比减少 5767.96 小时。2019—2023 年 600 兆瓦等级燃煤机组主要运行可靠性指标见表 4-10。2023 年 600 兆瓦等级机组按投运年数和台数分类的平均等效可用系数如图 4-27 所示。

表 4-10　　　　　　　2019—2023 年 600 兆瓦等级燃煤机组主要运行可靠性指标

年份＼指标	统计台数（台）	运行系数（%）	等效可用系数（%）	等效强迫停运率（%）	非计划停运次数[次/（台·年）]
2019	520	75.81	92.69	0.44	0.51
2020	548	73.05	93.17	0.42	0.49
2021	570	79.51	91.58	0.72	0.61
2022	576	79.51	91.31	0.72	0.60
2023	594	81.61	91.42	0.69	0.46

600 兆瓦等级燃煤机组投运时长 10～20 年的机组 414 台，占 600 兆瓦等级机组的 69.70%，平均等效可用系数 91.02%，低于 600 兆瓦等级燃煤机组平均等效可用系数 0.4 个百分点。

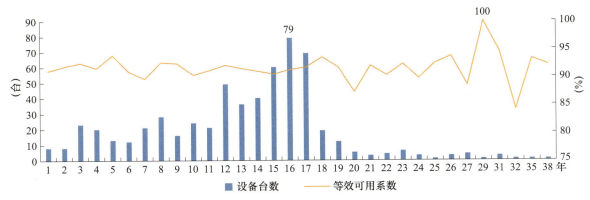

图 4-27　2023 年 600 兆瓦等级机组按投运年数和台数分类的平均等效可用系数

3. 300 兆瓦等级燃煤机组主要运行可靠性指标

2023 年，300 兆瓦等级燃煤机组统计 930 台，其中国产燃煤机组 868 台，进口燃煤机组

62 台。等效可用系数 92.19%，同比上升 0.08 个百分点；利用小时 4551.33 小时/（台·年），同比增加 36.58 小时/（台·年）；300 兆瓦等级燃煤机组非计划停运总计 411 次，其中强迫停运 359 次，非计划停运次数同比减少 25 次，强迫停运次数同比增加 25 次；非计划停运总时间为 44884.40 小时，同比减少 1656.56 小时。2019—2023 年 300 兆瓦等级燃煤机组主要运行可靠性指标见表 4-11。2023 年 300 兆瓦等级机组按投运年数分类的平均等效可用系数如图 4-28 所示。

表 4-11　　　　　2019—2023 年 300 兆瓦等级燃煤机组主要运行可靠性指标

指标 年份	统计台数 （台）	运行系数 （%）	等效可用 系数（%）	等效强迫停运率 （%）	非计划停运次数 ［次/（台·年）］
2019	864	74.38	93.03	0.53	0.51
2020	894	72.21	93.25	0.53	0.50
2021	904	78.50	91.86	0.93	0.59
2022	924	78.80	92.11	0.48	0.47
2023	930	80.05	92.19	0.51	0.44

300 兆瓦等级燃煤机组按投运年数分类，投运年份在 30 年以上的 300 兆瓦等级燃煤机组 58 台；投运 15 年以上 300 兆瓦等级燃煤机组 530 台，占 300 兆瓦等级燃煤机组的 56.99%，平均等效可用系数 93.13%，高于全部 300 兆瓦等级燃煤机组等效可用系数 0.94 个百分点。300 兆瓦等级燃煤机组等效可用系数 92.19%，高于全国纳入可靠性统计的燃煤机组平均水平。

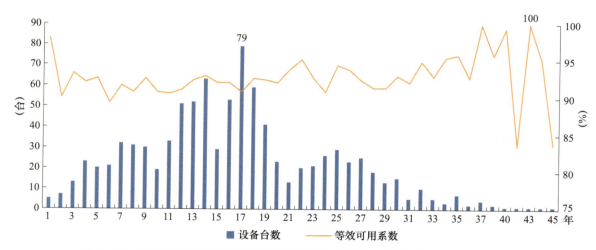

图 4-28　2023 年 300 兆瓦等级机组按投运年数和台数分类的平均等效可用系数

从 1000、600 兆瓦和 300 兆瓦等级燃煤机组非计划停运事件最多的情况分析，非计划停运事件主要部件仍然集中在锅炉及其附属设备。从这 3 个容量等级机组非计划停运情况来看，锅炉高温受热面引起非计划停运时间占比较高，占等效停运时间的百分比分别为 35.24%、47.69% 以及 41.95%；同时 600 兆瓦和 300 兆瓦等级燃煤机组由汽轮机辅机给水泵小汽轮机设备引起的非计划停运事件在增加。

（六）哈尔滨电气集团、东方电气集团、上海电气集团主要容量等级燃煤机组锅炉、汽轮机、发电机因设备因素引起的等效非计划停运小时

1. 哈尔滨电气集团（简称"哈电"）、东方电气集团（简称"东电"）、上海电气集团（简称"上电"）主要容量等级燃煤机组的锅炉设备因素引起的等效非计划停运小时

2023 年哈电、东电、上电参与评价的锅炉分别有 534、538、498 台。2019—2023 年三大锅炉厂 1000、600、300 兆瓦等级锅炉设备因素等效非计划停运小时情况如图 4-29～图 4-31 所示。

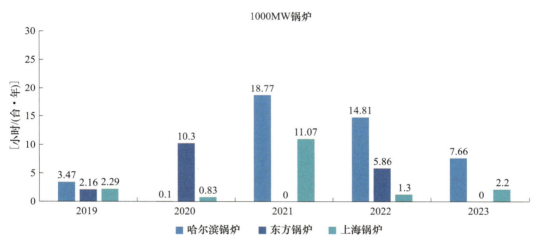

图 4-29　2019—2023 年三大锅炉厂 1000 兆瓦等级锅炉设备因素等效非计划停运小时

图 4-30　2019—2023 年三大锅炉厂 600 兆瓦等级锅炉设备因素等效非计划停运小时

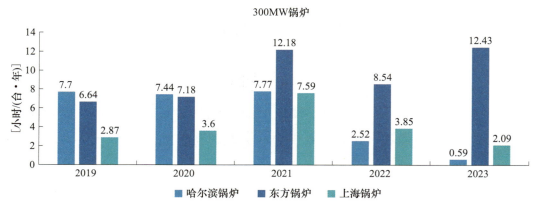

图 4-31　2019—2023 年三大锅炉厂 300 兆瓦等级锅炉设备因素等效非计划停运小时

2. 哈电、东电、上电主要容量等级燃煤机组的汽轮机设备因素引起的等效非计划停运小时

2023 年哈尔滨电气集团、东方电气集团、上海电气集团参与评价的汽轮机分别有 511、545、625 台。2019—2023 年三大汽轮机厂 1000、600、300 兆瓦等级汽轮机设备因素等效非计划停运小时情况如图 4-32～图 4-34 所示。

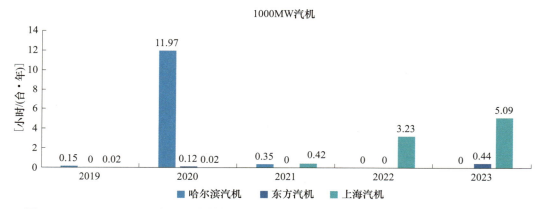

图 4-32　2019—2023 年三大汽轮机厂 1000 兆瓦等级汽轮机设备因素等效非计划停运小时

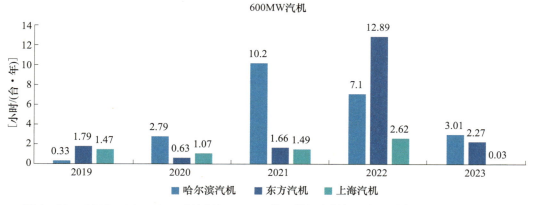

图 4-33　2019—2023 年三大汽轮机厂 600 兆瓦等级汽轮机设备因素等效非计划停运小时

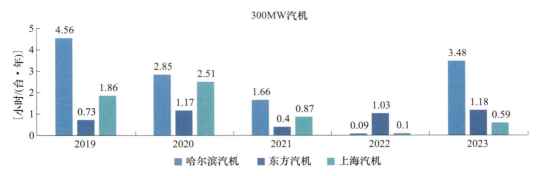

图 4-34 2019—2023 年三大汽轮机厂 300 兆瓦等级汽轮机设备因素等效非计划停运小时

3. 哈电、东电、上电主要容量等级燃煤机组的发电机设备因素引起的等效非计划停运小时

2022 年哈电、东电、上电参与评价的汽轮机分别有 499、498、606 台。2019—2023 年三大发电机厂 1000、600、300 兆瓦等级发电机设备因素等效非计划停运小时情况如图 4-35~图 4-37 所示。

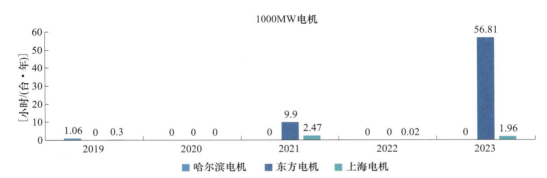

图 4-35 2019—2023 年三大发电机厂 1000 兆瓦等级发电机设备因素等效非计划停运小时

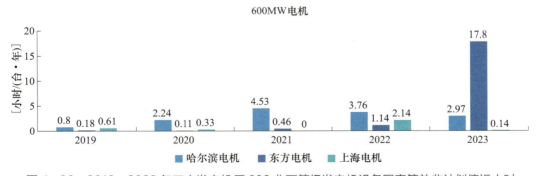

图 4-36 2019—2023 年三大发电机厂 600 兆瓦等级发电机设备因素等效非计划停运小时

（七）2022 年投产燃煤机组在 2023 年的主要运行可靠性指标

2022 年投产、纳入 2023 年可靠性指标统计的燃煤机组共 25 台，总容量为 18518 兆瓦。

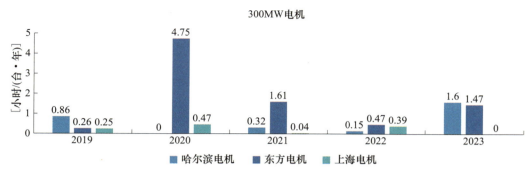

图 4-37　2019—2023 年三大发电机厂 300 兆瓦等级发电机设备因素等效非计划停运小时

新投产机组等效可用系数同比下降 0.18 个百分点，低于全国纳入可靠性统计的燃煤机组平均值 0.92 个百分点；等效强迫停运率同比上升 1.96 个百分点；非计划停运次数同比增加 0.32 次/（台·年），高于纳入全国可靠性统计的燃煤机组平均值 0.63 次/（台·年）。按照机组容量分析，1000 兆瓦等级机组等效可用系数同比下降 1.06 百分点，350、600 兆瓦等级机组同比上升 4.77、0.24 个百分点；350、600 兆瓦等级机组非计划停运次数同比增加 0.2、0.38 次/（台·年），1000 兆瓦等级机组非计划停运次数同比减少 0.01 次/（台·年）。2019—2023 年新投产一年燃煤机组主要运行可靠性指标见表 4-12。2022—2023 年新投产一年机组按主要容量等级划分等效可用系数如图 4-38 所示。2022—2023 年新投产一年机组按主要容量等级划分非计划停运次数如图 4-39 所示。

表 4-12　2019—2023 年新投产一年燃煤机组主要运行可靠性指标

年度 指标	投产年份（年）	统计台数（台）	平均容量（兆瓦）	运行系数（%）	等效可用系数（%）	等效强迫停运率（%）	非计划停运次数 [次/（台·年）]
2019	2018	26	595.77	76.90	93.70	1.53	1.50
2020	2019	48	664.29	70.53	94.38	0.40	0.68
2021	2020	43	668.14	79.79	93.42	0.98	0.77
2022	2021	21	780.86	79.84	90.99	0.64	0.76
2023	2022	25	740.72	78.79	90.81	2.60	1.08

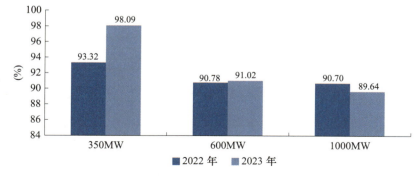

图 4-38　2022—2023 年新投产一年机组按主要容量等级划分等效可用系数

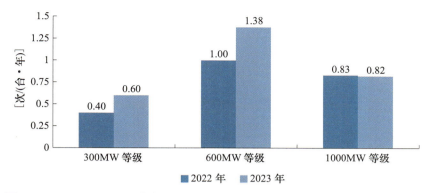

图 4-39 2022—2023 年新投产一年机组按主要容量等级划分非计划停运次数

（八）200 兆瓦及以上容量燃煤机组主要辅助设备主要运行可靠性指标

1. 磨煤机主要运行可靠性指标

2023 年参与全国 200 兆瓦及以上容量燃煤机组主要辅助设备可靠性统计评价的磨煤机共有 7540 台，同比增加 102 台。

2023 年，磨煤机按主机容量等级由低向高划分，可用系数各容量等级分别为 94.42%、94.03%、95.63%、93.71% 和 93.21%，其中 200、500、600、1000 兆瓦容量等级同比分别上升 0.69、6.53、0.45、1.56 个百分点，300 兆瓦容量等级同比下降 0.06 个百分点。

运行系数各容量等级分别为 58.55%、69.62%、57.23%、70.64% 和 74.11%，200、500、600、1000 兆瓦容量等级同比分别上升 2.77、1.14、2.17、2.87 个百分点，300 兆瓦容量等级同比下降 9.49 个百分点。2023 年磨煤机按主机容量分类主要运行可靠性指标见表 4-13。

表 4-13　　　　　2023 年磨煤机按主机容量分类主要运行可靠性指标

主机容量等级（兆瓦）	统计台数（台）	运行系数（%）	可用系数（%）	计划停运系数（%）	非计划停运系数（%）	非计划停运率（%）
200	338	58.55	94.42	5.53	0.05	0.08
300	3308	69.62	94.03	5.95	0.01	0.02
500	55	57.23	95.63	4.37	0.00	0.00
600	2985	70.64	93.71	6.28	0.01	0.01
1000	780	74.11	93.21	6.78	0.01	0.01

2. 给水泵组主要运行可靠性指标

2023 年参与全国 200 兆瓦及以上容量燃煤机组主要辅助设备可靠性统计评价的给水泵组共有 3699 台，同比增加 7 台。

2023 年，给水泵组按主机容量等级由低向高划分，可用系数各容量等级分别为 96.18%、94.49%、94.50%、94.00% 和 94.43%，各容量等级同比分别上升 0.01、0.25、3.17、0.60、1.77

个百分点。

运行系数各容量等级分别为 38.73%、60.32%、39.56%、65.62%和 74.44%，200、300、600、1000 兆瓦容量等级同比分别上升 3.20、1.46、3.31、2.48 个百分点，500 兆瓦容量等级同比分别下降 6.94 个百分点。2023 年给水泵组按主机容量分类主要运行可靠性指标见表 4-14。

表 4-14   2023 年给水泵组按主机容量分类主要运行可靠性指标

主机容量等级（兆瓦）	统计台数（台）	运行系数（%）	可用系数（%）	计划停运系数（%）	非计划停运系数（%）	非计划停运率（%）
200	215	38.73	96.18	3.82	0.00	0.00
300	1999	60.32	94.49	5.50	0.01	0.02
500	22	39.56	94.50	5.50	0.00	0.00
600	1185	65.62	94.00	6.00	0.01	0.01
1000	249	74.44	94.43	5.57	0.00	0.00

3. 送风机主要运行可靠性指标

2023 年参与全国 200 兆瓦及以上容量燃煤机组主要辅助设备可靠性统计评价的送风机共有 2861 台，同比减少 2 台。

2023 年，送风机按主机容量等级由低向高划分，可用系数各容量等级分别为 95.91%、94.22%、96.00%、94.06%和 93.83%，其中 200、500、600、1000 兆瓦容量等级同比分别上升 0.45、6.42、0.68、1.75 个百分点，300 兆瓦容量等级同比下降 0.08 个百分点。

运行系数各容量等级分别为 69.76%、80.41%、73.56%、82.08%和 84.42%，其中 200、300、600、1000 兆瓦容量等级同比分别上升 5.22、0.56、2.28、2.17 个百分点，500 兆瓦容量等级同比下降 5.69 个百分点。2023 年送风机按主机容量分类主要运行可靠性指标见表 4-15。

表 4-15   2023 年送风机按主机容量分类主要运行可靠性指标

主机容量等级（兆瓦）	统计台数（台）	运行系数（%）	可用系数（%）	计划停运系数（%）	非计划停运系数（%）	非计划停运率（%）
200	186	69.76	95.91	4.09	0.00	0.00
300	1446	80.41	94.22	5.78	0.00	0.00
500	14	73.56	96.00	4.00	0.00	0.00
600	941	82.08	94.06	5.94	0.00	0.00
1000	254	84.42	93.83	6.17	0.00	0.00

4. 引风机主要运行可靠性指标

2023 年参与全国 200 兆瓦及以上容量燃煤机组主要辅助设备可靠性统计评价的引风机共有 2951 台，同比增加 6 台。

2023 年，引风机按主机容量等级由低向高划分，可用系数各容量等级分别为 95.95%、94.17%、95.95%、93.97% 和 93.61%，其中 200、500、600、1000 兆瓦容量等级同比分别上升 0.60、6.73、0.46、1.57 个百分点，300 兆瓦容量等级同比下降 0.05 个百分点。

运行系数各容量等级分别为 70.87%、80.45%、73.25%、81.63% 和 84.09%，其中 200、300、600、1000 兆瓦容量等级同比分别上升 5.74、0.66、2.34、1.99 个百分点，500 兆瓦容量等级同比下降 7.40 个百分点。2023 年引风机按主机容量分类主要运行可靠性指标见表 4-16。

表 4-16　　　　　　　2023 年引风机按主机容量分类主要运行可靠性指标

主机容量等级（兆瓦）	统计台数（台）	运行系数（%）	可用系数（%）	计划停运系数（%）	非计划停运系数（%）	非计划停运率（%）
200	194	70.87	95.95	4.05	0.00	0.00
300	1513	80.45	94.17	5.82	0.00	0.00
500	14	73.25	95.95	4.05	0.00	0.00
600	955	81.63	93.97	6.03	0.00	0.00
1000	256	84.09	93.61	6.38	0.00	0.00

5. 高压加热器主要运行可靠性指标

2023 年参与全国 200 兆瓦及以上容量燃煤机组主要辅助设备可靠性统计评价的高压加热器共有 4520 台，同比增加 84 台。

2023 年，高压加热器按主机容量等级由低向高划分，可用系数各容量等级分别为 96.35%、94.08%、94.12%、93.77% 和 94.02%，其中 500、600 兆瓦容量等级同比分别上升 3.48、0.34 个百分点，200、300、1000 兆瓦容量等级同比分别下降 0.09、0.13、0.72 个百分点。

运行系数各容量等级分别为 71.43%、80.38%、70.75%、81.90% 和 84.28%，其中 200、300、600、1000 兆瓦容量等级同比分别上升 7.28、1.05、2.12、2.16 个百分点，500 兆瓦容量等级同比下降 8.96 个百分点。2023 年高压加热器按主机容量分类主要运行可靠性指标见表 4-17。

6. 除尘设备主要运行可靠性指标

2023 年参与全国 200 兆瓦及以上容量燃煤机组主要辅助设备可靠性统计评价的除尘设备共有 1998 台，同比增加 65 台。

表 4-17　　　　　2023 年高压加热器按主机容量分类主要运行可靠性指标

主机容量等级（兆瓦）	统计台数（台）	运行系数（%）	可用系数（%）	计划停运系数（%）	非计划停运系数（%）	非计划停运率（%）
200	231	71.43	96.35	3.36	0.01	0.02
300	2269	80.38	94.08	5.88	0.03	0.04
500	22	70.75	94.12	5.88	0.00	0.00
600	1437	81.90	93.77	6.22	0.01	0.01
1000	526	84.28	94.02	5.98	0.00	0.00

2023 年，除尘设备按主机容量等级由低向高划分，可用系数各容量等级分别为 94.97%、94.24%、92.89%、93.86% 和 93.74%，其中 300、600、1000 兆瓦容量等级同比分别上升 0.19、0.64、1.95 个百分点，200、500 兆瓦容量等级同比分别下降 0.55、3.70 个百分点。

运行系数各容量等级分别为 72.72%、80.04%、73.91%、82.39% 和 84.90%，其中 200、300、600、1000 兆瓦容量等级同比分别上升 8.18、0.72、2.13、3.50 个百分点，500 兆瓦容量等级同比下降 10.44 个百分点。2023 年除尘设备按主机容量分类主要运行可靠性指标见表 4-18。

表 4-18　　　　　2023 年除尘设备按主机容量分类主要运行可靠性指标

主机容量等级（兆瓦）	统计台数（台）	运行系数（%）	可用系数（%）	计划停运系数（%）	非计划停运系数（%）	非计划停运率（%）
200	85	72.72	94.97	5.03	0.00	0.00
300	955	80.04	94.24	5.76	0.00	0.00
500	11	73.91	92.89	7.11	0.00	0.00
600	743	82.39	93.86	6.14	0.00	0.00
1000	196	84.90	93.74	6.26	0.00	0.00

7. 脱硫系统主要运行可靠性指标

2023 年参与全国 200 兆瓦及以上容量燃煤机组主要辅助设备可靠性统计评价的脱硫系统共有 1445 套，同比增加 12 套。

2023 年，脱硫系统按主机容量等级由低向高划分，可用系数各容量等级分别为 95.65%、93.95%、93.86%、93.86% 和 93.91%，各容量等级同比分别上升 0.48、0.05、1.41、0.21、2.22 个百分点。

运行系数各容量等级分别为 73.54%、79.92%、71.83%、81.42% 和 84.34%，其中 200、300、600、1000 兆瓦容量等级同比分别上升 7.25、1.06、2.42、2.49 个百分点，500 兆瓦容量等级同比下降 8.93 个百分点。2023 年脱硫系统按主机容量分类主要运行可靠性指标见表 4-19。

表 4-19　　　　　　　2023 年脱硫系统按主机容量分类主要运行可靠性指标

主机容量等级（兆瓦）	统计台数（台）	运行系数（%）	可用系数（%）	计划停运系数（%）	非计划停运系数（%）	非计划停运率（%）
200	80	73.54	95.65	4.35	0.00	0.00
300	748	79.92	93.95	6.03	0.02	0.02
500	8	71.83	93.86	6.14	0.00	0.00
600	475	81.42	93.86	6.14	0.00	0.00
1000	125	84.34	93.91	6.09	0.00	0.00

8. 脱硝系统主要运行可靠性指标

2023 年参与全国 200 兆瓦及以上容量燃煤机组主要辅助设备可靠性统计评价的脱硝设备共有 1142 套，同比增加 30 套。

2023 年，脱硝系统按主机容量等级由低向高划分，可用系数各容量等级分别为 95.90%、94.20%、93.64%、93.94% 和 94.78%，其中 200、500、600、1000 兆瓦容量等级同比分别上升 0.35、0.50、0.25、0.74 个百分点，300 兆瓦容量等级不变。

运行系数各容量等级分别为 71.78%、80.58%、80.41%、82.69% 和 84.41%，其中 200、300、600、1000 兆瓦容量等级同比分别上升 5.01、1.22、1.49、2.33 个百分点，500 兆瓦容量等级同比下降 0.13 个百分点。2023 年脱硫系统按主机容量分类主要运行可靠性指标见表 4-20。

表 4-20　　　　　　　2023 年脱硝系统按主机容量分类主要运行可靠性指标

主机容量等级（兆瓦）	统计台数（台）	运行系数（%）	可用系数（%）	计划停运系数（%）	非计划停运系数（%）	非计划停运率（%）
200	69	71.78	95.90	4.1	0.00	0.00
300	587	80.58	94.20	5.78	0.02	0.02
500	6	80.41	93.64	6.36	0.00	0.00
600	369	82.69	93.94	6.06	0.00	0.00
1000	105	84.41	94.78	5.22	0.00	0.00

9. 国产、进口辅助设备可靠性对比分析

（1）200 兆瓦及以上容量辅助设备。2023 年，纳入可靠性统计的 200 兆瓦及以上容量燃煤机组五种辅助设备磨煤机、给水泵组、送风机、引风机和高压加热器国产化率分别为 93.04%、85.67%、89.97%、93.39% 和 94.67%，磨煤机、给水泵组、送风机、引风机、高压加热器国产化率均同比上升。

国产五种辅机的可用系数分别为 93.72%、94.40%、94.14%、94.1% 和 93.97%，与进口设备可用系数相比，国产给水泵组、送风机、引风机高于进口 0.50、0.10、1.00 百分点，国产磨煤机、高压加热器低于进口 0.14、0.95 个百分点。2023 年 200 兆瓦及以上容量燃煤机组五种辅助设备国产、进口可用系数如图 4-40 所示。

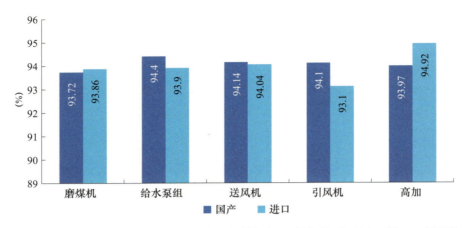

图 4-40　2023 年 200 兆瓦及以上容量燃煤机组五种辅助设备国产、进口可用系数

2023 年，200 兆瓦及以上容量燃煤机组五种辅机国产设备的非计划停运率分别为 0.01%、0.02%、0.00%、0.00%、0.02%，与进口设备相比，国产磨煤机、引风机非计划停运率低于进口设备 0.01 个百分点，给水泵、高压加热器均高于进口设备 0.02 个百分点，送风机非计划停运率与进口设备相同。2023 年 200 兆瓦及以上容量燃煤机组五种辅助设备国产、进口非计划停运率如图 4-41 所示。

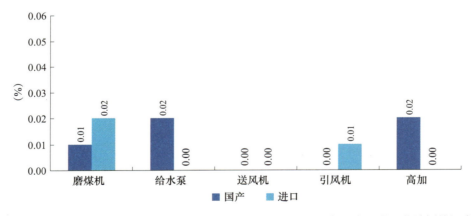

图 4-41　2023 年 200 兆瓦及以上容量燃煤机组五种辅助设备国产、进口非计划停运率

（2）300 兆瓦容量等级辅助设备。2023 年，300 兆瓦容量等级燃煤机组五种辅助设备国产化率分别为 92.04%、90.65%、91.42%、93.19% 和 93.48%。国产五种辅机的可用系数分别为 93.98%、94.38%、94.14%、94.15% 和 94.03%，与进口设备相比，国产五种辅机分别低于进口设备 0.58、1.16、0.85、0.22、0.74 个百分点。2023 年 300 兆瓦容量等级燃煤机组五种辅助设备按国产、进口分类主要可靠性指标见表 4-21。

表 4-21　　　　　　　　2023 年 300 兆瓦容量等级燃煤机组五种辅助设备
按国产、进口分类主要可靠性指标

指标	磨煤机		给水泵		送风机		引风机		高加	
	国产	进口	国产	进口	国产	进口	国产	进口	国产	进口
台数（台）	3054	264	1812	187	1322	124	1410	103	2121	148
运行系数（%）	69.65	69.32	60.56	58.20	81.10	73.47	80.97	73.17	80.88	73.78
可用系数（%）	93.98	94.56	94.38	95.54	94.14	94.99	94.15	94.37	94.03	94.77
计划停运系数（%）	6.00	5.42	5.61	4.46	5.86	5.01	5.84	5.63	5.93	5.21
非计划停运率（%）	0.02	0.02	0.02	0.00	0.00	0.00	0.00	0.00	0.04	0.03

（3）600 兆瓦容量等级辅助设备。2023 年，600 兆瓦容量等级燃煤机组五种辅助设备国产化率分别为 94.44%、85.91%、87.78%、94.97%和 96.94%，五种设备国产化率均同比上升。

五种辅助设备中，除国产给水泵组、高压加热器运行系数分别低于进口设备 3.08 和 3.88 个百分点外，其余国产设备均高于进口设备，分别高 1.83、2.24、0.13 个百分点。可用系数除国产磨煤机高于进口设备 0.36 个百分点，其余国产设备均低于进口设备，分别低 0.17、0.04、1.41、0.97 个百分点。设备非计划停运率，国产磨煤机低于进口设备 0.01 个百分点，国产送风机、引风机与进口设备持平，国产给水泵组、高压加热器均高于进口设备 0.01 个百分点。2023 年 600 兆瓦容量等级的五种辅助设备按国产、进口分类主要可靠性指标见表 4-22。

表 4-22　　　　　　　　2023 年 600 兆瓦容量等级的五种辅助设备
按国产、进口分类主要可靠性指标

指标	磨煤机		给水泵		送风机		引风机		高加	
	国产	进口	国产	进口	国产	进口	国产	进口	国产	进口
台数（台）	2819	166	1018	167	826	115	907	48	1393	44
运行系数（%）	70.73	68.90	65.2	68.28	82.35	80.11	81.62	81.49	81.81	85.39
可用系数（%）	93.73	93.37	93.97	94.14	94.05	94.09	93.90	95.31	93.75	94.72
计划停运系数（%）	6.26	6.62	6.02	5.86	5.94	5.91	6.10	4.69	6.24	5.28
非计划停运率（%）	0.01	0.02	0.01	0.00	0.00	0.00	0.00	0.00	0.01	0.00

三、燃气轮机组运行可靠性

（一）主要可靠性指标

2023 年，全国纳入可靠性管理统计的 100 兆瓦及以上燃气轮机组共 265 台，总容量 76895.90 兆瓦。运行系数为 44.57%，同比上升 1.09 个百分点；等效可用系数为 92.90%，同比上升 0.28 个百分点；非计划停运次数为 0.19 次/（台·年），同比上升 0.04 次/（台·年）。等效强迫停运率为 0.15%，同比上升 0.07 个百分点。

2019—2023 年期间，燃气轮机组的运行系数呈波动趋势，2021 年达到峰值后下降明显，2023 年小幅提升；等效可用系数波动较小，2022、2023 年均小幅提升，由 2019 年的 92.37% 提升至 2023 年的 92.90%；非计划停运次数近五年小幅波动，总体呈平稳趋势；非计划停运次数在 2022 年达到最低值，2023 年小幅上涨。2019—2023 年燃气轮机组可靠性主要指标如图 4-42 所示。2019—2023 年燃气轮机组的主要运行可靠性指标见表 4-23。2019—2023 年燃气轮机与燃煤机组等效可用系数如图 4-43 所示。

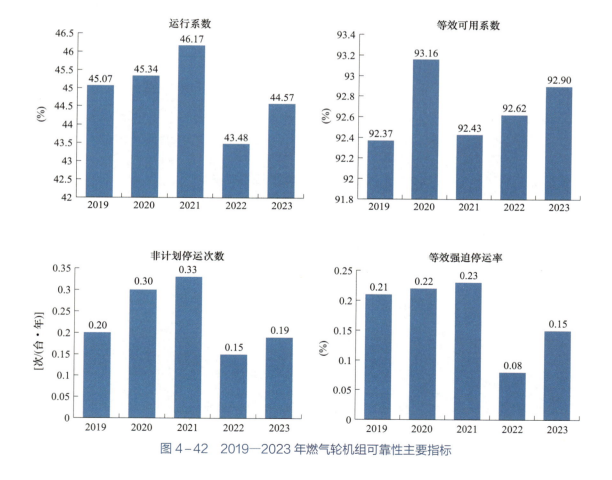

图 4-42　2019—2023 年燃气轮机组可靠性主要指标

表 4-23　　　　　　　　　　2019—2023 年燃气轮机组的主要运行可靠性指标

统计年度	统计台数（台）	运行系数（%）	等效可用系数（%）	等效强迫停运率（%）	非计划停运次数［次/（台·年）］
2019	211	45.07	92.37	0.21	0.20
2020	225	45.34	93.16	0.22	0.30
2021	239	46.17	92.43	0.23	0.33
2022	258	43.48	92.62	0.08	0.15
2023	265	44.57	92.90	0.15	0.19

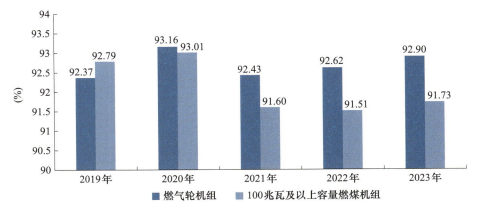

图 4-43　2019—2023 年燃气轮机与燃煤机组等效可用系数

（二）机组非计划停运

2023 年，燃气轮机组非计划累计停运 50 次，同比增加 12 次；非计划停运时间总计为 2586.00 小时，同比增加 1324.78 小时。台年平均非计划停运 0.19 次和 9.87 小时，台年平均同比上升 0.04 次和 3.91 小时。

发生强迫停运 40 次，同比增加 10 次，停运总时间 1477.81 小时，同比增加 695.76 小时；台年平均值分别为 0.15 次和 5.66 小时，台年同比次数上升 0.03 次、时间增加 2.40 小时。强迫停运占全部燃气轮机组非计划停运总时间的 51.74%，同比下降 10.27 个百分点。

燃气轮机、汽轮机、发电机三大主设备中，燃气轮机引起的非计划停运为 0.07 次/（台·年）和 17.46 小时/（台·年），占全部燃气轮机机组非计划停运总时间的 27.01%，是造成计划停运的主要设备。三大主设备引发的非计划停运占到全部燃气轮机机组非计划停运总时间的 61.59%。除三大主设备外，余热锅炉引发的非计划停运占燃气轮机机组非计划停运总时间的 2.27%。

影响燃气轮机组非计划停运的部件中，发电机励磁系统、热工测量和控制系统、变压器系统引起的非计划停运次数分别为 0.004 次/（台·年）、0.023 次/（台·年）、0.008 次/（台·年），三类部件累计非计划停运时间占燃气轮机组非计划停运总时间的 31.59%。

发生非计划停运的责任原因中产品质量问题为第一位，平均 0.08 次/（台·年）和 34.88 小时/（台·年）。前五位主要责任是产品质量不良、检修质量不良、设备老化、施工安装不良、规划/设计不良，合计占全部燃气轮机机组非计划停运总时间的 91.94%。2023 年燃气轮机机组三大主设备非计划停运情况见表 4-24。2023 年影响燃气轮机组非计划停运的主要设备情况见表 4-25。2023 年燃气轮机机组非计划停运的前五位责任原因见表 4-26。

表 4-24　　　　　2023 年燃气轮机机组三大主设备非计划停运情况

序号	主设备	停运次数 ［次/（台·年）］	停运时间 ［小时/（台·年）］	百分比*（%）
1	汽轮机	0.03	8.88	13.73
2	燃气轮机	0.07	17.46	27.01
3	发电机	0.01	13.48	20.85

* 百分比：占机组非计划停运时间的百分比。

表 4-25　　　　　2023 年影响燃气轮机机组非计划停运的主要设备情况

序号	主设备	停运次数 ［次/（台·年）］	停运时间 ［小时/（台·年）］	百分比*（%）
1	发电机励磁系统	0.004	11.19	17.3
2	热工测量和控制系统	0.023	5.16	7.98
3	变压器系统	0.008	4.08	6.31

* 百分比：占机组非计划停运时间的百分比。

表 4-26　　　　　2023 年燃气轮机机组非计划停运的前五位责任原因

序号	事件原因	停运次数 ［次/（台·年）］	停运小时 ［小时/（台·年）］	百分比*（%）
1	产品质量不良	0.08	34.88	53.95
2	检修质量不良	0.02	12.84	19.86
3	设备老化	0.02	6.52	10.08
4	施工安装不良	0.02	2.67	4.12
5	规划/设计不良	0.02	2.54	3.93

* 百分比：占机组非计划停运时间的百分比。

四、核电机组常规岛运行可靠性

2023 年，全国纳入可靠性管理统计的核电机组 51 台，总容量 52947.68 兆瓦，机组运行系数为 89.58%，同比上升 0.14 个百分点；等效可用系数为 89.35%，同比下降 0.33 个百分点；非计划停运次数 0.27 次/（台·年），同比增加 0.13 次/（台·年）。

2023 年，台年平均计划停运时间为 784.05 小时/（台·年），累计停运时间 35191.26 小时，同比台年平均减少 12.76 小时/（台·年），累计停运时间同比增加 1103.23 小时；共发生 14 次非计划停运事件，同比增加 7 次，累计停运时间为 1870.03 小时，同比增加 1230.38 小时。2022—2023 年核电机组常规岛主要运行可靠性指标如图 4-44 所示。2019—2023 年核电机组常规岛运行可靠性指标见表 4-27。2019—2023 年核电机组常规岛可靠性指标趋势如图 4-45 所示。

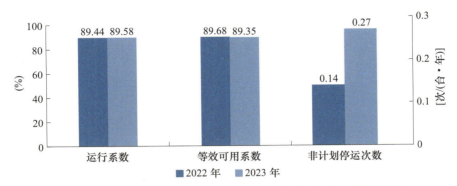

图 4-44　2022—2023 年核电机组常规岛主要运行可靠性指标

表 4-27　　　　　　　2019—2023 年核电机组常规岛运行可靠性指标

年份	统计台数（台）	平均容量（兆瓦/台）	运行系数（%）	等效可用系数（%）	等效强迫停运率（%）	非计划停运次数［次/（台·年）］
2019	19	894.75	91.00	91.01	0.09	0.21
2020	27	918.67	90.15	92.38	0.12	0.07
2021	46	1027.59	91.08	91.42	0.11	0.17
2022	49	1034.04	89.44	89.68	0.18	0.14
2023	51	1034.04	89.58	89.35	0.44	0.27

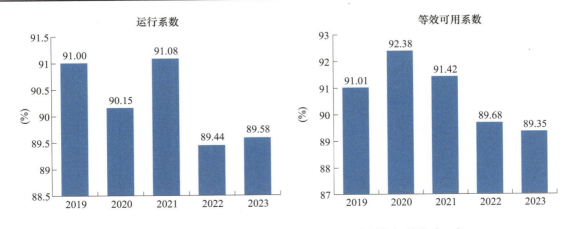

图 4-45　2019—2023 年核电机组常规岛可靠性指标趋势（一）

图 4-45　2019—2023 年核电机组常规岛可靠性指标趋势（二）

五、风电机组运行可靠性

（一）主要可靠性指标

2023 年，纳入可靠性统计的风电机组有 63473 台，总容量 120925.5 兆瓦，占全国并网风力发电机组总容量的 27.42%。运行系数为 99.02%，同比增加 0.45 个百分点；非计划停运时间台年平均值为 25.42 小时，同比减少 10.57 小时；非计划停运次数台年平均值为 1.47 次，同比增加 0.02 次。2022—2023 年风电机组主要可靠性指标见表 4-28。其中海上风电机组 2850 台，总容量 10816.28 兆瓦，运行系数为 98.49%，同比增加 0.1 个百分点，非计划停运时间台年平均值为 75.21 小时，同比增加 0.51 小时/（台·年），非计划停运次数台年平均值为 0.88 次，同比增加 0.04 次/（台·年）。2022—2023 年风电机组主要可靠性指标见表 4-28。

表 4-28　　　　　　　　　2021—2023 年风电机组主要可靠性指标

年份	统计台数（台）	运行系数（%）	非计划停运小时［小时/（台·年）］	非计划停运次数［次/（台·年）］	计划停运小时［小时/（台·年）］	计划停运次数［次/（台·年）］
2022	58645	98.57	35.99	1.45	41.76	2.94
2023	63473	99.02	25.42	1.47	35.09	2.97

2023 年，纳入可靠性统计的华北区域风电机组 22276 台，运行系数为 98.45%，非计划停运时间台年平均值为 28.73 小时，非计划停运次数台年平均值为 1.95 次。东北区域风电机组 7821 台，运行系数为 99.72%，非计划停运时间台年平均值为 10.47 小时，非计划停运次数台年平均值为 1.46 次。华东区域风电机组 5184 台，运行系数为 98.8%，非计划停运时间台年平均值为 39.38 小时，非计划停运次数台年平均值为 1.67 次；华中区域风电机组 5503 台，运行系数为 98.68%，非计划停运时间台年平均值为 37.72 小时，非计划停运次数台年平均值为 1.25 次；西北区域风电机组 16811 台，运行系数为 99.3%，非计划停运时间台年平均值为 18.41

小时,非计划停运次数台年平均值为 1.01 次;南方区域风电机组 5878 台,运行系数为 98.07%,非计划停运时间台年平均值为 62.64 小时,非计划停运次数台年平均值为 1.00 次。2023 年风电机组按区域划分的主要可靠性主要指标见表 4–29。

表 4–29　　　　　　　　　2023 年按区域划分的风电机组主要可靠性指标

区域	统计台数 (台)	运行系数 (%)	非计划停运小时 [小时/(台·年)]	非计划停运次数 [次/(台·年)]	计划停运小时 [小时/(台·年)]	计划停运次数 [次/(台·年)]
华北区	22276	98.45	28.73	1.95	53.10	3.71
东北区	7821	99.72	10.47	1.46	9.17	2.11
华东区	5184	98.80	39.38	1.67	51.8	3.85
华中区	5503	98.68	37.72	1.25	53.77	2.71
西北区	16811	99.30	18.41	1.01	24.49	1.98
南方区	5878	98.07	62.64	1.00	66.16	3.63

（二）机组非计划停运

2023 年,风电机组非计划停运累计时间为 174.61 万小时,非计划停运累计时间较长的前三类主设备分别是变桨系统、变流系统和发电机系统,分别占全部非计划停运累计时间的 14.64%、12.51% 和 8.14%。其中海上风电机组非计划停运累计时间为 16.14 万小时,非计划停运累计时间较长的前三类主设备分别是齿轮箱系统、变桨系统和安全链系统,分别占海上风电机组非计划停运累计时间的 22.23%、19.07% 和 17.20%。2023 年风电机组累计非计划停运时间按主设备分类如图 4–46 所示。

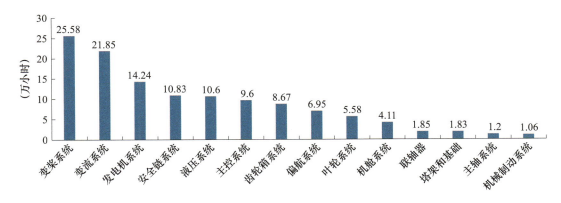

图 4–46　2023 年风电机组累计非计划停运时间按主设备分类

2023 年,风电机组非计划停运次数累计 93418 次,累计非计划停运次数较多的前三类主设备分别是变桨系统、变流系统和液压系统,分别占 11.97%、10.91% 和 6.43%。其中,海上风电机组非计划停运次数累计 2270 次，累计非计划停运次数较多的前三类主设备分别是变桨系统、主控系统和变流系统，分别占海上风电机组非计划停运累计次数的 29.52%、13.00% 和 10.31%。2023 年风电机组累计非计划停运次数按主设备分类如图 4-47 所示。

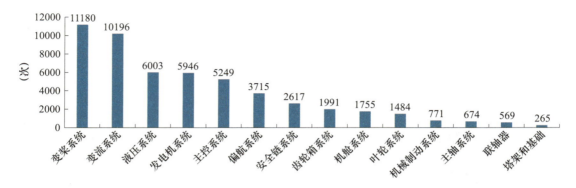

图 4-47　2023 年风电机组累计非计划停运次数按主设备分类

第二节　输变电设施可靠性

2023 年，纳入输变电可靠性数据统计的为 220 千伏及以上电压等级架空线路[1]、变压器[2]、断路器、电抗器、电流互感器、电压互感器、隔离开关、避雷器、组合电器、电缆线路、母线等输变电设施。

一、2023 年全国输变电设施统计情况

2023 年，纳入输变电可靠性统计的电网企业包括国家电网、南方电网、内蒙古电力集团及所辖 493 个地市级供电公司和发电企业，发电企业包括中国华能、中国大唐、中国华电、国家电投、国家能源等 12 家发电集团及所辖 907 个发电厂。报送范围涵盖了 220 千伏及以上电压等级架空线路、（换流）变压器等输变电设施的可靠性统计数据。2023 年全国输变电设施数量统计情况见表 4-30。

表 4-30　　　　　　　　　2023 年全国输变电设施数量统计情况

类别	220 千伏	330 千伏	400 千伏	500 千伏	660 千伏	750 千伏	800 千伏	1000 千伏	综合
架空线路（百千米）	5063.379	383.568	4.229	2605.104	13.334	289.407	284.347	194.259	8837.626
变压器（台）	14873	668	0	7127	6	494	33	223	23424

类别	220 千伏	330 千伏	400 千伏	500 千伏	660 千伏	750 千伏	800 千伏	1000 千伏	综合
电抗器（台）	288	248	9	3062	0	709	57	316	4689
断路器（台）	42291	2360	2	8891	0	626	43	61	54274
电流互感器（台）	125568	4495	25	21796	0	324	135	146	152489
电压互感器（台）	68361	6362	0	25155	0	1771	31	663	102343
隔离开关（台）	160043	5356	8	22447	1	1536	143	126	189660
避雷器（台）	134503	6206	48	28999	1	2331	461	786	173335
电缆线路（百千米）	80.131	0	0	2.113	0	0	0	0	82.244
组合电器（套）	7864	265	0	2887	0	50	0	127	11193
母线（段）	11869	437	0	2034	0	113	42	26	14521

二、输变电设施运行可靠性总体情况

2023 年，输变电设施可用系数总体处于较高水平，输变电设施可用系数均保持在 99.44%以上，强迫停运率维持在 0.15 次/［百（台、套、段）］年以下。

2023 年，除变压器、电抗器、避雷器外，其他设施计划停运时间均高于 2022 年，其中架空线路、母线、电缆线路的计划停运时间升幅较大，分别同比上升 7.396 小时/（百千米·年）、1.202 小时/（段·年）和 1.136 小时/（千米·年）。受计划停运时间升高影响，架空线路、电流互感器、电压互感器、组合电器、电缆线路、母线，可用系数均低于 2022 年，其中架空线路、电缆线路降幅较大，分别同比下降 0.083 个、0.033 个百分点。架空线路、断路器、电流互感器、电压互感器、电缆线路和组合电器的强迫停运率高于 2022 年，分别同比增加 0.019 次/（百千米·年）、0.049 次/（百台·年）、0.001 次/（百台·年）、0.011 次/（百台·年）、0.059 次/（千米·年）、0.023 次/（百台·年）。2022、2023 年全国输变电设施可用系数对比如图 4-48 所示。2022、2023 年全国输变电设施强迫停运率对比如图 4-49 所示。2022、2023 年全国输变电设施主要可靠性指标对比情况见表 4-31。

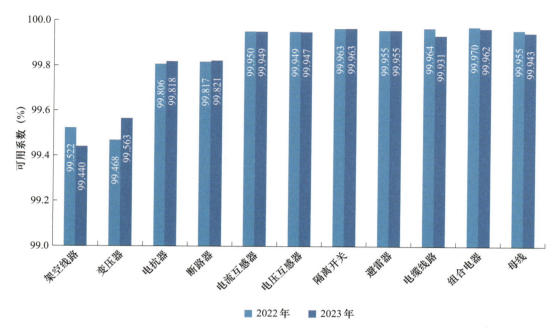

图 4-48 2022、2023 年全国输变电设施可用系数对比

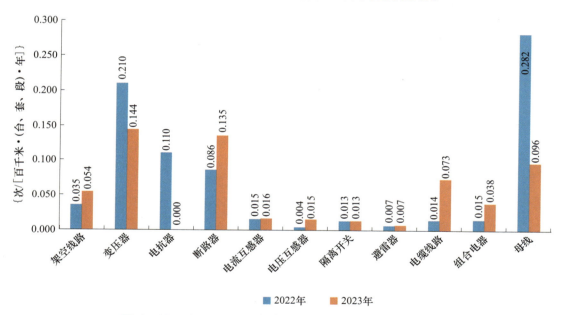

图 4-49 2022、2023 年全国输变电设施强迫停运率对比

表 4-31 2022、2023 年全国输变电设施主要可靠性指标对比

类别	可用系数（%）		强迫停运率		非计划停运时间		计划停运时间	
	2022	2023	2022	2023	2022	2023	2022	2023
架空线路	99.522	99.440	0.035	0.054	2.332	0.658	38.323	45.719
变压器	99.468	99.563	0.210	0.144	0.319	0.153	45.735	37.911
电抗器	99.806	99.818	0.110	0.000	0.130	0.040	16.740	15.852

续表

类别	可用系数（%）		强迫停运率		非计划停运时间		计划停运时间	
	2022	2023	2022	2023	2022	2023	2022	2023
断路器	99.817	99.821	0.086	0.135	0.053	0.021	15.536	15.594
电流互感器	99.950	99.949	0.015	0.016	0.022	0.006	4.239	4.430
电压互感器	99.949	99.947	0.004	0.015	0.012	0.045	4.399	4.543
隔离开关	99.963	99.963	0.013	0.013	0.025	0.003	3.194	3.236
避雷器	99.955	99.955	0.007	0.007	0.005	0.042	3.922	3.901
电缆线路	99.964	99.931	0.014	0.073	0.001	1.786	3.165	4.301
组合电器	99.970	99.962	0.015	0.038	0.018	0.008	2.608	3.300
母线	99.955	99.943	0.282	0.096	0.160	0.010	3.733	4.935

注　强迫停运率单位：电缆线路单位为次/（千米·年），其他设备单位为次/［百千米（台、套、段）·年］；非停、计停时间单位：架空线路单位为小时/（百千米·年），其他设备单位为小时/［千米（台、套、段）·年］。

三、变压器、断路器和架空线路运行可靠性

（一）2019—2023 年设施规模及整体指标对比

1. 近五年设施规模情况

2023 年，变压器、断路器和架空线路的统计数量较 2019 年分别增加 46.242、74.657 百台·年和 1404.942 百千米·年，五年年均增长率分别为 5.820%、3.815% 和 4.463%。变压器、断路器、架空线路统计数量分别同比增加 10.200、16.454 百台·年和 390.866 百千米·年。2019—2023 年变压器、断路器和架空线路统计规模如图 4-50 所示。

图 4-50　2019—2023 年变压器、断路器和架空线路统计规模

2. 近五年设施整体指标情况

变压器可用系数近五年保持在较高水平，2023 年变压器可用系数较 2019 年下降 0.078 个百分点，同比上升 0.095 个百分点。变压器强迫停运率近五年整体呈波动下降趋势，2023 年变压器强迫停运率较 2019 年下降 0.091 次/（百台·年），同比下降 0.066 次/（百台·年）。

断路器可用系数近 5 年保持在较高水平，但受计划停运时间增长影响，整体呈小幅下降趋势，2023 年断路器可用系数较 2019 年下降 0.052 个百分点，同比上升 0.004 个百分点。断路器强迫停运率近五年来有所起伏，受产品质量不良等因素影响，2023 年断路器强迫停运率较 2019 年下降 0.037 次/（百台·年），同比上升 0.049 次/（百台·年）。

架空线路可用系数近 5 年保持在较高水平，2023 年略有下降，2023 年架空线路可用系数较 2019 年上升下降 0.01387 个百分点，同比下降 0.082 个百分点。架空线路强迫停运率近五年稳中有降，2023 年有所上升，受导线、绝缘子等零部件及自然灾害的影响，2023 年架空线路强迫停运率较 2019 年下降 0.010 次/（百千米·年），同比上升 0.019 次/（百千米·年）。2019—2023 年变压器、断路器和架空线路可用系数情况如图 4-51 所示。2019—2023 年变压器、断路器和架空线路强迫停运率情况如图 4-52 所示。

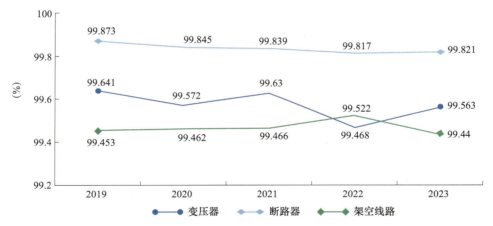

图 4-51　2019—2023 年变压器、断路器和架空线路可用系数情况

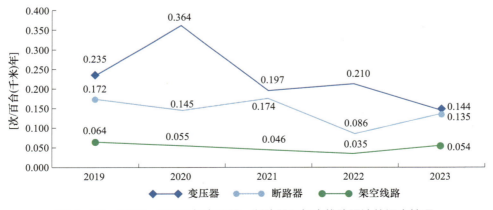

图 4-52　2019—2023 年变压器、断路器和架空线路强迫停运率情况

（二）按运行单位分析设施指标情况

2023 年，电网侧 3 家集团公司国家电网、南方电网、内蒙古电力集团的变压器可用系数分别为 99.776%、99.739%、99.810%。发电侧 11 家集团公司变压器可用系数前三位分别是广东能源 99.747%、内蒙古能源集团 99.576%、国家能源集团 99.097%。2023 年各单位变压器主要运行可靠性指标见表 4-32。

表 4-32　　　　　　　2023 年各单位变压器主要运行可靠性指标

单位	统计数量（百台·年）	可用系数（%）	强迫停运率［次/（百台·年）］	强迫停运时间［小时/(台·年)］	计划停运率［次/（百台·年）］	计划停运时间［小时/(台·年)］
电网侧综合	**193.941**	**99.771**	**0.119**	**0.106**	**21.708**	**19.707**
国家电网	155.670	99.776	0.122	0.116	20.158	19.318
南方电网	31.189	99.739	0.064	0.077	26.035	22.568
内蒙古电力集团	7.082	99.810	0.282	0.009	36.714	15.671
发电侧综合	**35.439**	**98.426**	**0.282**	**0.132**	**38.121**	**137.530**
中国华能	6.600	98.880	0.303	0.321	33.939	97.808
中国大唐	4.971	97.154	0.201	0.145	58.537	248.302
中国华电	5.627	98.388	0	0	42.474	140.926
国家能源集团	6.256	99.097	0.320	0.011	24.138	78.929
国家电投	4.143	98.516	0.241	0.240	40.546	129.479
中国三峡	1.980	96.952	1.515	0.177	63.131	266.809
广东能源	1.410	99.747	0	0	4.965	22.159
浙能集团	1.509	97.228	0	0	45.060	242.869
京能集团	1.368	98.929	0	0	30.694	93.846
内蒙古能源	0.444	99.576	2.250	0.917	27.001	36.221
河北建设	0.150	95.923	0	0	53.333	357.173

2023 年，电网侧 3 家集团公司国家电网、南方电网有、内蒙古电力集团的断路器可用系数分别为 99.852%、99.837%、99.802%。发电侧 11 家集团公司断路器可用系数排名靠前的分别为内蒙古能源集团 99.973%、广东能源 99.807%、国家电投 99.783%。2023 年各单位断路器主要可靠性指标见表 4-33。

表4-33　　　　　　　　　　　　2023年各单位断路器主要运行可靠性指标

单位	统计数量（百台·年）	可用系数（%）	强迫停运率［次/（百台·年）］	强迫停运时间［小时/（百台·年）］	计划停运率［次/（百台·年）］	计划停运时间［小时/（台·年）］
电网侧综合	**490.047**	**99.847**	**0.139**	**0.011**	**15.488**	**13.249**
国家电网	373.825	99.852	0.134	0.007	13.156	12.804
南方电网	95.839	99.837	0.115	0.015	20.555	14.224
内蒙古电力集团	20.384	99.802	0.343	0.077	34.440	16.831
发电侧综合	**50.996**	**99.564**	**0.098**	**0.044**	**14.707**	**38.124**
中国华能	9.720	99.734	0.412	0.226	10.597	23.067
中国大唐	6.011	99.183	0	0	22.626	71.560
中国华电	7.990	99.411	0	0	16.020	51.606
国家能源集团	10.788	99.685	0	0	12.235	27.501
国家电投	6.246	99.783	0	0	8.806	19.046
中国三峡	1.520	99.195	0	0	28.947	70.536
京能集团	2.260	99.665	0	0	16.817	29.350
河北建设	0.220	97.779	0	0	40.909	194.595
内蒙古能源集团	0.703	99.973	0	0	8.530	2.373
浙省集团	2.108	98.980	0	0	35.573	89.362
广东能源	2.300	99.807	0.435	0.026	5.217	16.895

2023年，电网侧三家集团公司国家电网、南方电网、内蒙古电力集团的架空线路可用系数分别是99.342%、99.822%和99.677%。2023年各单位架空线路运行可靠性指标见表4-34。

表4-34　　　　　　　　　　　　2023年各单位架空线路主要运行可靠性指标

单位	统计数量（百千米·年）	可用系数（%）	强迫停运率［次/（百千米·年）］	强迫停运时间［小时/（百千米·年）］	计划停运率［次/（百千米·年）］	计划停运时间［小时/（百千米·年）］
电网侧综合	**8620.570**	**99.436**	**0.055**	**0.584**	**0.655**	**46.006**
国家电网	6835.540	99.342	0.047	0.652	0.679	53.672
南方电网	1492.702	99.822	0.065	0.124	0.436	15.413
内蒙古电力集团	292.328	99.677	0.185	1.343	1.225	22.980

（三）按投运时间分析设施指标情况

2023年，全国变压器、断路器和架空线路投运时间在10年以上20年以内的数量最多，分别为11031、30911台和10996条。

5 年以内和 5 年以上 10 年以内的变压器可用系数较好，分别为 99.729% 和 99.665%。10 年以上 20 年以内和 20 年以上的变压器非计划停运率较低，分别为 0.227 次/（百台·年）和 0.133 次/（百台·年）。

投运期 5 年以内和 5 年以上 10 年以内的断路器可用系数较好，分别为 99.867% 和 99.840%。投运期 5 年以上 10 年以内和 20 年以上的断路器非计划停运率较低，分别为 0.097 次/（百台·年）和 0.111 次/（百台·年）。

5 年以内和 20 年以上的架空线路可用系数较好，分别为 99.577 % 和 99.442%。非计划停运率较低的是 5 年以上 10 年以内和 10 年以上 20 年以内的架空线路，非计划停运率分别为 0.043 次/（百千米·年）和 0.061 次/（百千米·年）。

2023 年不同投运时间变压器、断路器和架空线路可用系数情况如图 4-53 所示。2023 年不同投运年限变压器、断路器和架空线路非计划停运率情况如图 4-54 所示。

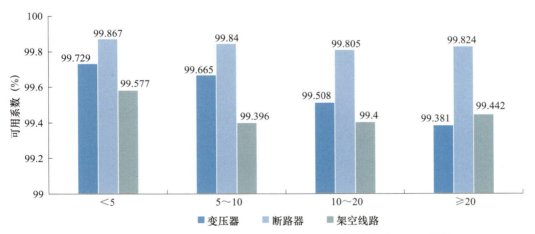

图 4-53　2023 年不同投运时间变压器、断路器和架空线路可用系数情况

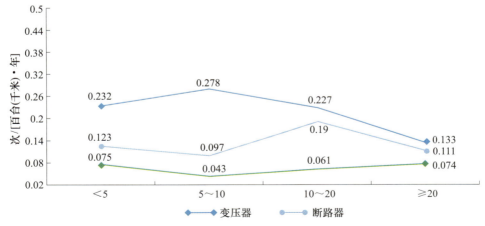

图 4-54　2023 年不同投运年限变压器、断路器和架空线路非计划停运率情况

（四）设施计划停运、非计划停运影响可用系数比较

2023 年，变压器可用系数 99.563%，同比上升 0.095 个百分点。计划停运影响可用系数占比为 99.524%，同比上升 0.210 个百分点。非计划停运影响可用系数占比 0.476%，同比下降 0.210 个百分点。

2023 年，断路器可用系数 99.821%，同比上升 0.004 个百分点。计划停运影响可用系数占比为 99.860%，同比上升 0.192 个百分点。非计划停运影响可用系数占比 0.140%，同比下降 0.192 个百分点。

2023 年，架空线路可用系数 99.440 %，同比下降 0.082 个百分点。计划停运影响可用系数占比为 98.618%，同比上升 4.264 个百分点。非计划停运影响可用系数占比 1.382%，同比下降 4.264 个百分点。

（五）设施非计划停运事件分析

2023 年，变压器共发生非计划停运 52 次，同比减少 31 次。其中 220 千伏有 30 次，同比减少 15 次；330 千伏有 1 次，同比持平；500 千伏有 18 次，同比减少 4 次；750 千伏有 2 次，同比减少 13 次；1000 千伏有 1 次，同比增加 1 次。2023 年累计非计划停运 0.153 小时/（台·年），同比减少 0.166 小时/（台·年）。

2023 年，断路器共发生非计划停运 84 次，同比持平。其中 220 千伏有 46 次，同比减少 2 次；330 千伏有 1 次，同比持平；500 千伏有 23 次，同比减少 3 次；750 千伏有 14 次，同比增加 6 次；1000 千伏有 0 次，同比减少 1 次。2023 年累计非计划停运 0.021 小时/（台·年），同比减少 0.032 小时/（台·年）。

2023 年，架空线路共发生非计划停运 521 次，同比增加 124 次，主要原因是雨雪冰冻天气增多。其中 220 千伏有 298 次，同比增加 41 次；330 千伏有 4 次，同比增加 3 次；500 千伏有 203 次，同比增加 71 次；660 千伏 1 次，同比增加 1 次；750 千伏有 4 次，同比增加 4 次；800 千伏 5 次，同比增加 5 次；1000 千伏有 6 次，同比增加 4 次。2023 年累计非计划停运 0.658 小时/（百千米·年），同比减少 1.674 小时/（百千米·年）。

（1）**按停运时间分析❶**。变压器非计划停运时间在 5 小时以内的停运次数为 12 次，5～100 小时之间的停运次数为 31 次，100～200 小时之间的停运次数为 6 次，200 小时以上的停运次数为 3 次。

---

❶ 注：此书所提及的时间区间，包含区间下限值，但不包含区间上限值。

断路器非计划停运时间在 5 小时以内的停运次数 57 次，5～100 小时的 25 次，100 小时以上的停运次数总计 2 次。

架空线路非计划停运时间在 5 小时以内的停运次数 391 次，5～100 小时的停运次数 114 次，100 小时以上的停运次数总计 16 次。

（2）**按部件因素分析。** 2023 年，其他部件设备、套管和线圈是引起 220 千伏及以上变压器非计划停运次数较多的前三位部件因素，分别引起非计划停运 17、8 次和 8 次。线圈、其他部件设备和套管是引起 220 千伏及以上变压器非计划停运时间较长的前三位部件因素，分别引起非计划停运 2055.250、976.817 小时和 433.917 小时。2023 年 220 千伏及以上变压器按部件原因分类的非计划停运次数如图 4-55 所示，2023 年 220 千伏及以上变压器按部件原因分类的非计划停运时间及占比如图 4-56 所示。

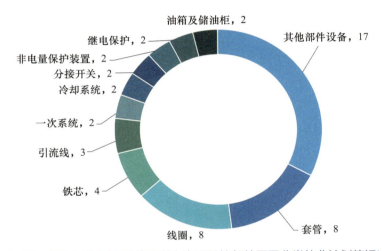

图 4-55　2023 年 220 千伏及以上变压器按部件原因分类的非计划停运次数

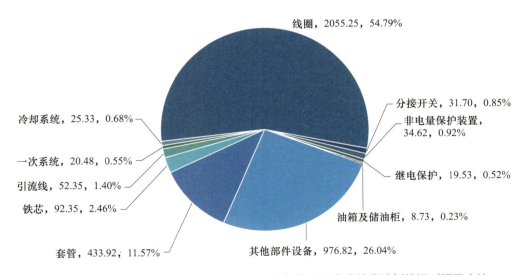

图 4-56　2023 年 220 千伏及以上变压器按部件原因分类的非计划停运时间及占比

2023 年，本体其他部件、操作机构和一次系统是引起 220 千伏及以上断路器非计划停运次数较多的前三位部件因素，分别引起非计划停运 25、18 次和 16 次。灭弧部分、操作机构和本体其他部件是引起 220 千伏及以上断路器非计划停运时间较长的前三位部件因素，分别引起非计划停运 510.58、232.00 小时和 128.15 小时。2023 年 220 千伏及以上断路器按部件原因分类的非计划停运次数如图 4-57 所示，2023 年 220 千伏及以上断路器按部件原因分类的非计划停运时间及占比如图 4-58 所示。

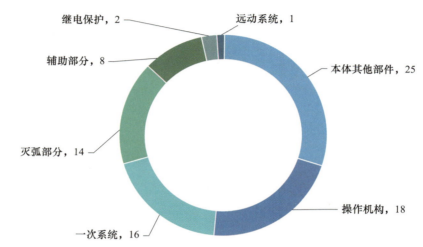

图 4-57　2023 年 220 千伏及以上断路器按部件原因分类的非计划停运次数

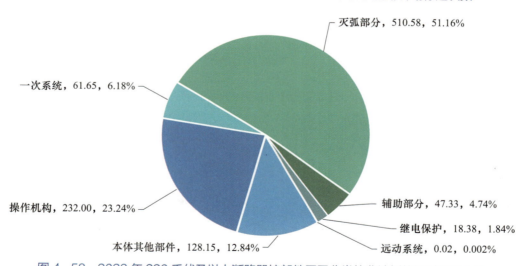

图 4-58　2023 年 220 千伏及以上断路器按部件原因分类的非计划停运时间及占比

2023 年，导线、绝缘子和金具是引起 220 千伏及以上架空线路非计划停运次数较多的前三位部件因素，分别引起非计划停运 436、42 次和 17 次。导线、铁塔和绝缘子是引起 220 千伏及以上架空线路非计划停运时间较长的前三位部件因素，分别引起非计划停运 4944.583、724.700 小时和 595.667 小时。

2023 年 220 千伏及以上架空线路按部件分类的非计划停运次数如图 4-59 所示,2023 年 220 千伏及以上架空线路按部件原因分类的非计划停运时间及占比如图 4-60 所示。

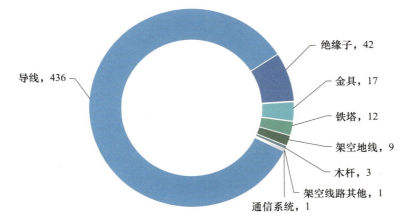

图 4-59　2023 年 220 千伏及以上架空线路按部件分类的非计划停运次数

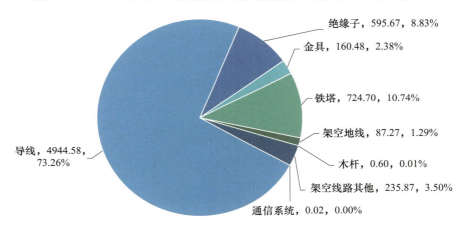

图 4-60　2023 年 220 千伏及以上架空线路按部件原因分类的非计划停运时间及占比

（3）按责任原因分析。2023 年,产品质量不良、设备老化和气候因素是引起 220 千伏及以上变压器非计划停运次数较多的前三位责任原因,分别引起非计划停运 17、7 次和 6 次。产品质量不良、其他责任原因和燃料影响是引起 220 千伏及以上变压器非计划停运时间较长的前三位责任原因,分别引起非计划停运 2528.15、714.73 小时和 150.75 小时。2023 年 220 千伏及以上变压器按责任原因分类的非计划停运次数如图 4-61 所示,2023 年 220 千伏及以上变压器按责任原因分类的非计划停运时间及占比如图 4-62 所示。

2023 年,产品质量不良、气候因素和自然灾害影响是引起 220 千伏及以上断路器非计划停运次数较多的前三位责任原因,分别引起非计划停运 25、24 次和 12 次。产品质量不良、其他责任原因和电力系统影响是引起 220 千伏及以上断路器非计划停运时间较长的前三位责任原因,分别引起非计划停运 349.77、186.57 小时和 112.03 小时。2023 年 220 千伏及以上断路器按责任原因分类的非计划停运次数情况如图 4-63 所示,2023 年 220 千伏及以上断路器

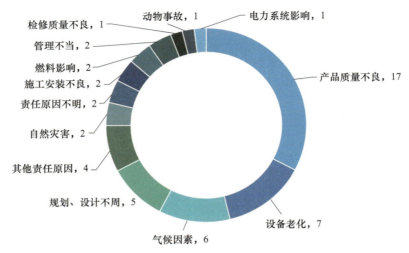

中国电力行业可靠性年度发展报告 2024

按责任原因分类的非计划停运时间及占比如图4-64所示。

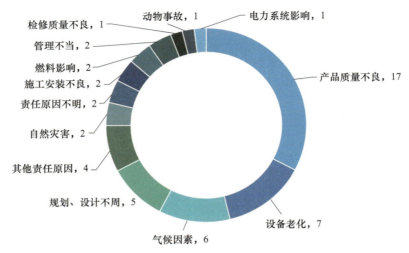

图4-61　2023年220千伏及以上变压器按责任原因分类的非计划停运次数

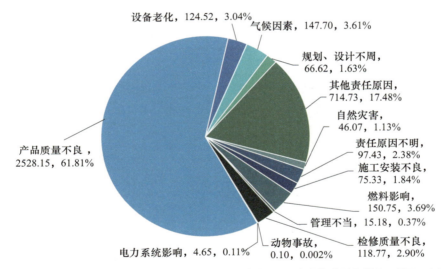

图4-62　2023年220千伏及以上变压器按责任原因分类的非计划停运时间及占比

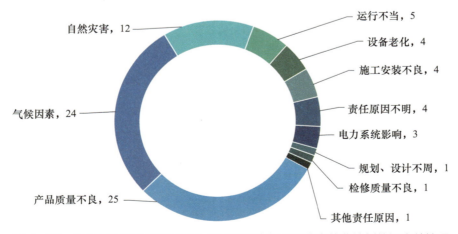

图4-63　2023年220千伏及以上断路器按责任原因分类的非计划停运次数情况

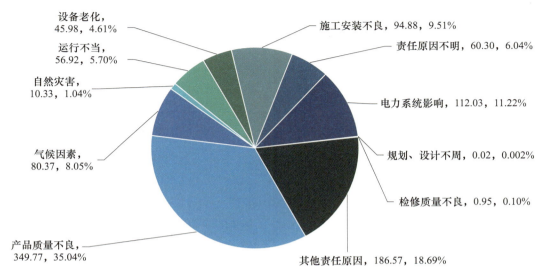

图 4-64　2023 年 220 千伏及以上断路器按责任原因分类的非计划停运时间及占比

2023 年，自然灾害、气候因素和外力损坏是引起 220 千伏及以上架空线路非计划停运次数较多的前三位责任原因，分别引起非计划停运 238、127 次和 104 次。自然灾害、设备老化和气候因素是引起 220 千伏及以上架空线路非计划停运时间较长的前三位责任原因，分别引起非计划停运 3279.320、1161.117 小时和 1130.450 小时。2023 年 220 千伏及以上架空线路按责任原因分类的非计划停运次数情况如图 4-65 所示、2023 年 220 千伏及以上架空线路按责任原因分类的非计划停运时间及占比如图 4-66 所示。

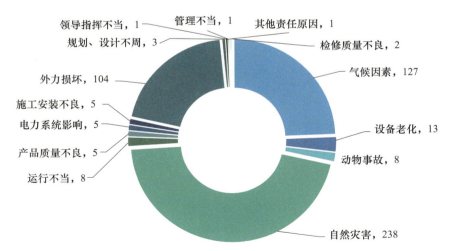

图 4-65　2023 年 220 千伏及以上架空线路按责任原因分类的非计划停运次数情况

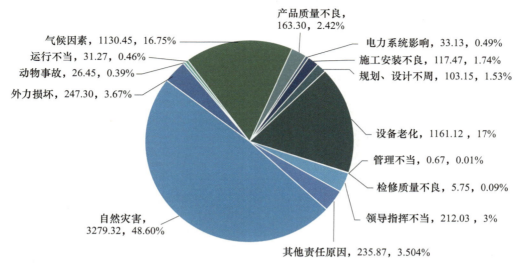

图 4-66　2022 年 220 千伏及以上架空线路按责任原因分类的非计划停运时间及占比

第三节　直流输电系统可靠性

一、2023 年可靠性指标总体情况

2023 年，全国纳入可靠性管理的直流输电系统数量为 50 个，其中点对点超高压直流输电系统 17 个、点对点特高压直流输电系统 19 个、背靠背直流输电系统 9 个、多端直流输电系统 5 个。直流输电系统额定输送总容量 232374 兆瓦，其中 2023 年增加 21950 兆瓦。直流输电线路总长度 52838 千米，其中 2023 年增加 4278 千米。

2023 年，全国直流输电系统运行情况平稳，纳入本报告中可靠性统计的 47 个直流输电系统[1]，能量可用率为 96.814%，同比提升 0.013 个百分点；能量利用率为 42.07%，同比下降 1.98 个百分点；强迫停运 32 次，同比增加 7 次。2022、2023 年直流输电系统合计能量可用率、能量利用率、强迫停运次数如图 4-67 所示。

2023 年，纳入全国直流输电系统可靠性统计的 47 个系统计划停运总计 123 次，其中双极计划停运 34 次、单极计划停运 24 次、阀组计划停运 25 次、单元计划停运 40 次，全国直流输电系统计划停运等效停运小时累计 16385.17 小时。

2023 年，纳入全国直流输电系统可靠性统计的 47 个系统共发生 32 次强迫停运，同比增

---

[1] 金塘直流输电系统运行时间不满一年，厦门柔性直流输电系统、云霄背靠背换流站 2023 年长期在改造检修，不计入运行数据统计。本报告中能量可用率、强迫能量不可用率、计划能量不可用率、能量利用率等可靠性合计指标计算方法为各系统指标按照额定输送容量加权计算。

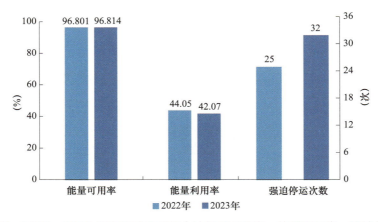

图 4-67　2022、2023 年直流输电系统合计能量可用率、能量利用率、强迫停运次数

加 7 次。其中，点对点超高压直流输电系统强迫停运 11 次、点对点特高压直流输电系统强迫停运 12 次、背靠背直流输电系统强迫停运 3 次、多端直流输电系统强迫停运 6 次；双极强迫停运 1 次、单极强迫停运 21 次、阀组强迫停运 7 次、单元强迫停运 3 次，全国直流输电系统强迫停运等效停运时间累计 383.35 小时。

二、点对点超高压直流输电系统可靠性指标情况

（一）能量可用率与停运次数

2023 年，纳入可靠性统计的点对点超高压系统 16 个，合计能量可用率 97.521%，同比上升 0.906 个百分点；强迫能量不可用率 0.044%，同比下降 0.033 个百分点，计划能量不可用率 2.435%，同比下降 0.873 个百分点。全年计划停运 32 次，其中单极计划停运 18 次、双极计划停运 14 次；强迫停运 11 次，均为单极强迫停运。2023 年超高压直流输电系统主要可靠性指标如图 4-68 所示。

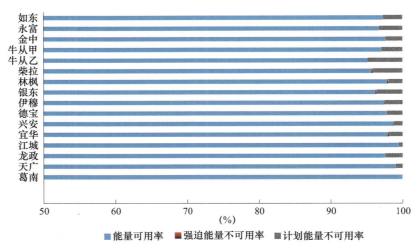

图 4-68　2023 年超高压直流输电系统主要可靠性指标

（二）能量输送情况

2023 年，16 个点对点超高压直流输电系统总输送电量 1693.53 亿千瓦·时，同比减少了 70.91 亿千瓦·时；能量利用率为 45.74%，同比上升了 1.91 百分点。与 2022 年相比，共有 9 个系统的能量利用率上升、7 个系统的能量利用率下降。2023 年超高压直流输电系统能量输送情况如图 4-69 所示。

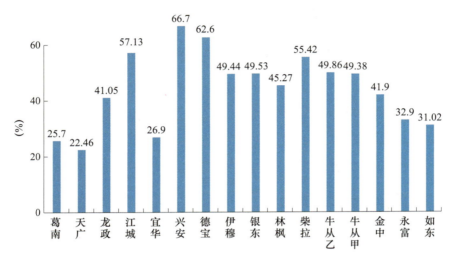

图 4-69　2023 年超高压直流输电系统能量输送情况

三、点对点特高直流输电系统可靠性指标情况

（一）能量可用率与停运次数

2023 年，纳入可靠性统计的 18 个点对点特高压直流输电系统合计能量可用率为 97.022%，同比上升 0.175 个百分点；强迫能量不可用率为 0.105%，同比下降 0.098 个百分点；计划能量不可用率为 2.872%，同比下降 0.078 个百分点。全年计划停运 44 次，其中单阀组计划停运 25 次、单极计划停运 5 次、双极计划停运 14 次；强迫停运 12 次，其中单阀组强迫停运 7 次、单极强迫停运 4 次、双极强迫停运 1 次。2022 年特高压直流输电系统主要可靠性指标如图 4-70 所示。

（二）能量输送情况

2023 年，18 个点对点特高压直流输电系统总输送电量 5679.49 亿千瓦·时，同比增加了

515.89 亿千瓦·时；能量利用率为 45.47%，同比下降 1.09 个百分点。与 2022 年相比[1]，共有 7 个系统的能量利用率上升、9 个系统的能量利用率下降。2023 年特高压直流输电系统能量输送情况如图 4-71 所示。

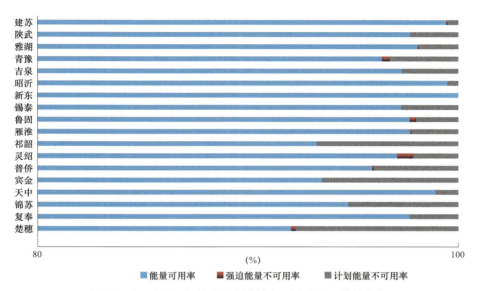

图 4-70　2023 年特高压直流输电系统主要可靠性指标

图 4-71　2023 年特高压直流输电系统能量输送情况

四、背靠背直流输电系统可靠性指标

（一）能量可用率与停运次数

2023 年，纳入可靠性统计的 8 个背靠背直流输电系统合计能量可用率 93.110%，同比下

---

[1] 陕武、建苏直流输电系统 2022 年未纳入可靠性统计，因此 2023 年可靠性统计指标同比情况均不涵盖。

降 3.850 个百分点；强迫能量不可用率 0.027%，同比下降 0.003 个百分点，计划能量不可用率 6.863%，同比上升 3.853 个百分点。全年单元计划停运 24 次，单元强迫停运 24 次。2023 年背靠背直流输电系统主要可靠性指标如图 4-72 所示。

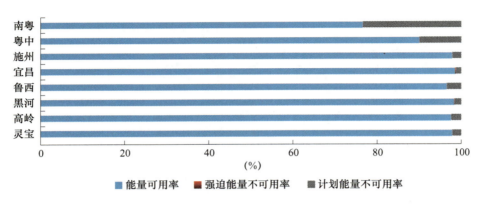

图 4-72　2023 年背靠背直流输电系统主要可靠性指标

（二）能量输送情况

2023 年，纳入可靠性统计的 8 个背靠背直流输电系统总输送电量 678.91 亿千瓦·时，同比增加 257.36 亿千瓦·时；能量利用率 41.09%，同比上升 3.67 个百分点。2023 年背靠背直流输电系统能量利用率如图 4-73 所示。

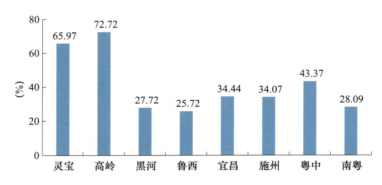

图 4-73　2023 年背靠背直流输电系统能量利用率

五、多端直流输电系统可靠性指标情况

2023 年，纳入可靠性统计的 5 个多端直流输电系统总输送电量 511.16 亿千瓦·时，同比增加 61.758 亿千瓦·时；能量利用率 40.10%，同比上升 9.29 个百分点。全年强迫停运 6 次，其中单极强迫停运 6 次。2023 年多端直流输电系统主要可靠性指标如图 4-74 所示。

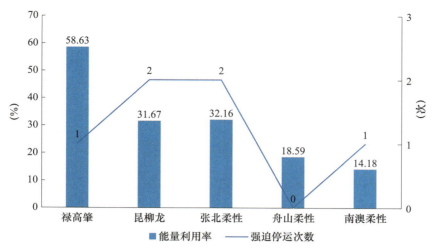

图 4-74 2023 年多端直流输电系统主要可靠性指标

第四节 供 电 可 靠 性

一、基本情况

2023 年,全国 31 个省、自治区、直辖市纳入供电可靠性管理统计 10kV 用户 1289.04 万户,同比增长 3.87%,其中城网、农网地区用户构成比为 1:6.23。全国供电系统用户总容量约为 55.70 亿千伏安,同比降低 5.43%,其中城网、农网地区用户容量构成比为 1:2.70。线路总长度 717.49 万千米,同比增长 0.07%,其中城网、农网地区线路长度构成比为 1:7.43。架空线路绝缘化率 51.35%,同比增加 2.61 个百分点。线路电缆化率 22.01%,同比增加 1.67 个百分点。2023 年全国供电系统概况见表 4-35。

表 4-35   2023 年全国供电系统概况

可靠性指标	全口径	城网	农网
等效总用户数（万户）	1289.04	178.17	1110.88
用户总容量（亿千伏安）	55.70	15.05	40.65
线路总长度（万千米）	717.49	85.11	632.38
架空线路绝缘化率（%）	51.35	70.67	50.37
线路电缆化率（%）	22.01	67.78	15.85

2023 年全国供电系统用户及容量构成如图 4-75 所示。

二、全国供电可靠性

（一）总体情况

2023 年，全国供电系统用户平均供电可靠率 99.911%，同比上升 0.015 个百分点；用户平均停电时间 7.83 小时/户，同比减少 1.27 小时/户；用户平均停电频率 2.30 次/户，同比减少 0.31 次/户；2023 年，我国城网地区用户平均停电时间 2.14 小时/户，同比减少 0.09 小时/

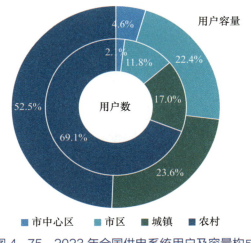

图 4-75　2023 年全国供电系统用户及容量构成

户，农网地区用户平均停电时间 8.74 小时/户，同比减少 1.48 小时/户，城网、农网地区供电可靠性进一步缩小，城网、农网地区用户平均停电时间相差 6.60 小时/户，同比缩小 1.39 小时/户。2023 年全国供电系统用户供电可靠性指标见表 4-36。

表 4-36　　2023 年全国供电系统用户供电可靠性指标汇总

可靠性指标	全口径	城网	农网
平均供电可靠率（%）	99.911	99.976	99.900
平均停电时间（小时/户）	7.83	2.14	8.74
平均停电频率（次/户）	2.30	0.68	2.56
故障平均停电时间（小时/户）	4.82	1.28	5.39
预安排平均停电时间（小时/户）	3.00	0.86	3.35

2019—2023 年，全国供电系统用户平均供电可靠率由 2019 年的 99.843%提升至 2023 年的 99.911%，提升了 0.068 个百分点，其中城网地区的平均供电可靠率由 2019 年的 99.964%提升至 2023 年的 99.976%，提升了 0.012 个百分点；农网地区的平均供电可靠率由 2019 年的 99.824%提升至 2023 年的 99.900%，提升了 0.076 个百分点。2019—2023 年全国供电系统用户平均供电可靠率变化如图 4-76 所示。

2019—2023 年，全国的用户平均停电时间由 2019 年的 13.72 小时/户下降至 2023 年的 7.83 小时/户，下降了 5.89 小时/户，其中城网地区的用户平均停电时间由 2019 年的 3.16 小时/户下降至 2023 年的 2.14 小时/户，下降了 1.02 小时/户；农网地区的用户平均停电时间由 2019 年的 15.44 小时/户下降至 2023 年的 8.74 小时/户，下降了 6.70 小时/户。2019—2023 全国供电系统用户平均停电时间变化如图 4-77 所示。

2019—2023 年，全国的用户平均停电频率由 2019 年的 2.99 次/户下降至 2023 年的 2.30 次/户，下降了 0.69 次/户，其中城网地区的用户平均停电频率由 2019 年的 0.76 次/户下降至

图4-76　2019—2023年全国供电系统用户平均供电可靠率变化

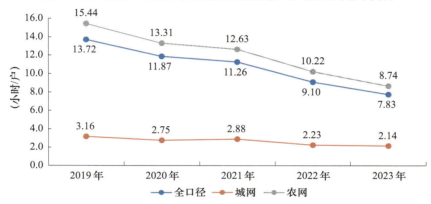

图4-77　2019—2023全国供电系统用户平均停电时间变化

2023年的0.68次/户，下降了0.08次/户；农网地区的用户平均停电频率由2019年的3.35次/户下降至2023年的2.56次/户，下降了0.79次/户。2019—2023全国供电系统用户平均停电频率变化如图4-78所示。

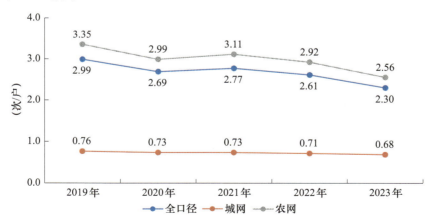

图4-78　2019—2023全国供电系统用户平均停电频率变化

（二）故障停电情况分析

2023年，我国用户故障平均停电时间4.82小时/户，同比下降16.90%，占总平均停电时间比例为 61.62%；用户故障平均停电频率 1.83 次/户，同比下降 12.02%，占总平均停电频率比例为 79.63%。2023、2022 年用户故障平均停电时间、频率如图 4-79 所示。

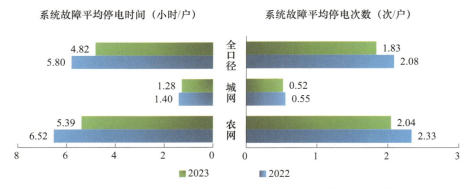

图 4-79　2023、2022 年用户平均故障停电时间、频率对比

2023 年，全国故障停电主要原因为：自然因素占 34.55%，造成用户平均停电时间 1.62 小时/户，同比减少 0.18 小时/户；设备因素占 20.14%，造成用户平均停电时间 0.95 小时，同比减少 0.33 小时/户；外力因素占 18.40%，造成用户平均停电时间 0.86 小时/户，同比减少 0.30 小时/户；用户因素占 13.04%，造成用户平均停电时间 0.61 小时/户，同比减少 0.07 小时/户。2023 年故障停电主要责任原因占比如图 4-80 所示。

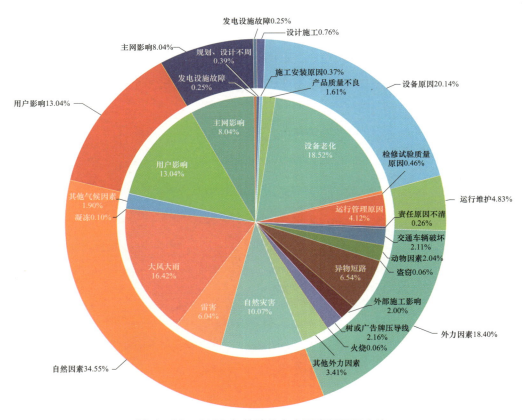

图 4-80　2023 年故障停电主要责任原因占比

（三）预安排停电情况分析

2023 年我国用户预安排平均停电时间为 3.00 小时/户，同比减少 9.09%，占总停电时间的 38.38%；用户预安排平均停电频率 0.47 次/户，同比下降 11.32%，占总停电频率的 20.37%。2023 年、2022 年用户预安排平均停电时间、频率如图 4−81 所示。

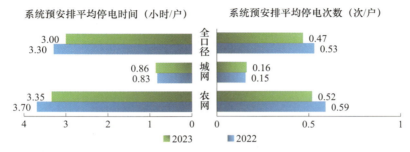

图 4−81　2023、2022 年用户平均预安排停电时间、频率对比

2023 年，全国预安排停电主要原因为：检修停电占 64.55%，造成用户平均停电时间 1.93小时/户，同比减少 0.20 小时/户；工程停电占 33.58%，造成用户平均停电时间 1.00 小时/户，同比减少 0.04 小时/户。2023 年预安排停电主要责任原因占比如图 4−82 所示。

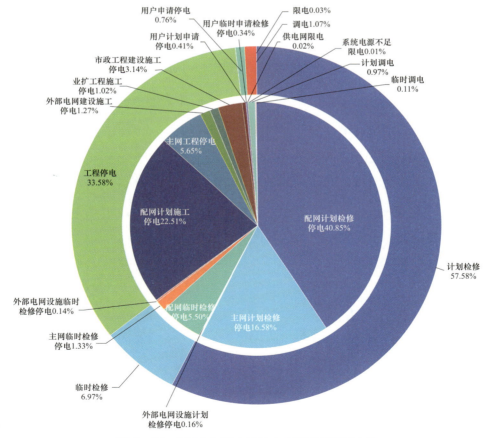

图 4−82　2022 年预安排停电主要责任原因占比

三、区域及省级行政区供电可靠性

（一）区域供电可靠性

2023 年，华北、华东、华中、南方区域供电可靠性同比提升，东北区域供电可靠性同比反弹，西北区域供电可靠性基本持平。华东区域用户平均停电时间 1.66 小时/户，同比下降 43.07%，用户平均停电时间明显低于其他区域；华中区域用户平均停电时间 9.09 小时/户，同比下降 27.60%；东北区域用户平均停电时间 14.65 小时/户，同比上升 13.01%。华东区域用户平均停电时间明显低于其他区域。2023 年各区域用户平均停电时间如图 4-83 所示。

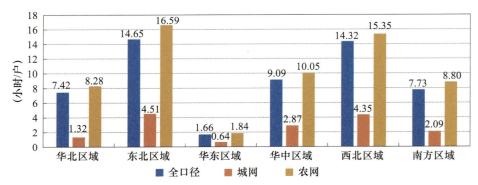

图 4-83　2023 年各区域全口径、城市、农村地区用户平均停电时间

2023 年，华北、华东、华中、南方区域用户平均停电频率同比下降，东北、西北区域用户平均停电频率同比上升，华北区域的全口径用户平均停电频率为 2.01 次/户，同比下降 24.26%。华中区域的全口径用户平均停电频率为 2.67 次/户，同比下降 23.76%。东北区域的全口径用户平均停电频率为 4.95 次/户，同比反弹 27.31%。华东区域用户平均停电频率明显低于其他区域。2023 年各区域用户平均停电频率如图 4-84 所示。2023 年各区域地市级供电企业用户平均停电时间分布见表 4-37。

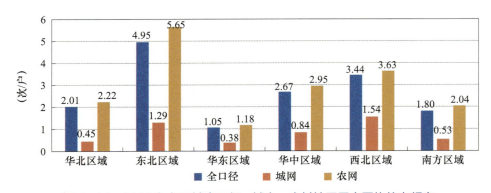

图 4-84　2023 年各区域全口径、城市、农村地区用户平均停电频率

表4-37　　　　2023年各区域地市级供电企业用户平均停电时间分布（小时/户）

分布	华北区域	东北区域	华东区域	华中区域	西北区域	南方区域
最优值	0.57	3.66	0.16	1.12	2.70	0.04
第25%值	2.89	8.87	1.38	7.27	10.16	4.29
中位值（第50%值）	9.47	16.12	2.04	8.94	13.23	7.73
第75%值	10.99	20.06	2.45	12.25	18.03	10.45
最末值	23.13	22.69	4.83	56.27	176.78	48.54

（二）省级行政区供电可靠性指标

2023年，多数省级行政区供电可靠性指标大幅度提升。2023年，31个省级行政区中，北京市、上海市、广东省、天津市、江苏省、浙江省、安徽省、福建省、山东省用户平均停电时间少于5小时/户，山西省、辽宁省、江西省、河南省、湖北省、湖南省、海南省、宁夏回族自治区的用户平均停电时间少于10小时/户，河北省、内蒙古自治区、吉林省、黑龙江省、广西壮族自治区、重庆市、四川省、贵州省、云南省、西藏自治区、陕西省、甘肃省、青海省、新疆维吾尔自治区的用户平均停电时间超过10小时/户。31个省级行政区中，24个的用户平均停电时间同比减少，减少幅度超过20%的有12个。2023年各省级行政区用户平均停电时间分布情况见表4-38。

表4-38　　　　　　2023年省级行政区用户平均停电时间分布情况

用户平均停电时间	省级行政区
小于5小时	北京、上海、广东、天津、江苏、浙江、安徽、福建、山东
5～10小时	山西、辽宁、江西、河南、湖北、湖南、海南、宁夏
大于10小时	河北、内蒙古、吉林、黑龙江、广西、重庆、四川、贵州、云南、西藏、陕西、甘肃、青海、新疆

注　1. 表中所有指标范围向下包含。
　　2. 表中排名不分先后。

31个省级行政区中，北京市、上海市、广东省、天津市、江苏省、浙江省、安徽省、福建省、山东省、宁夏回族自治区的用户平均停电频率少于2次/户，吉林省、黑龙江省、西藏自治区的用户平均停电频率超过4次/户。31个省级行政区中，23个的用户平均停电频率同比减少，减少幅度超过20%的有6个。2023年各省级行政区用户平均停电频率分布情况见表4-39。

表 4-39 2023 年省级行政区用户平均停电频率分布情况

用户平均停电频率	省级行政区
小于 2 次	北京、上海、广东、天津、江苏、浙江、安徽、福建、山东、湖南、宁夏
2～4 次	河北、山西、内蒙古、辽宁、江西、河南、湖北、广西、海南、重庆、四川、贵州、云南、陕西、甘肃、青海、新疆
大于 4 次	吉林、黑龙江、西藏

注　1. 表中所有指标范围向下包含。
　　2. 表中排名不分先后。

四、地市级及以上城市供电可靠性

（一）主要城市供电可靠性

2023 年，全国 50 个主要城市❶供电可靠性水平明显优于全国平均水平。2023 年，50 个主要城市用户数占全国总用户数的 30.83%，用户总容量占全国用户总容量的 43.84%。50 个主要城市用户平均停电时间 3.91 小时，比全国平均值少 3.92 小时。北京、上海、广州、深圳、天津、南京、苏州、杭州、宁波、绍兴、厦门、济南、青岛、佛山、东莞少于 1 小时/户，长春、哈尔滨、重庆、拉萨、兰州、西宁的用户平均停电时间超过 10 小时/户。2023 年主要城市用户平均停电时间分布情况见表 4-40。

表 4-40　　　　　2023 年主要城市用户平均停电时间分布情况

用户平均停电时间	城市
小于 1 小时	北京、上海、广州、深圳、天津、南京、苏州、杭州、宁波、绍兴、厦门、济南、青岛、佛山、东莞
1～2 小时	无锡、徐州、常州、南通、潍坊、扬州、合肥、福州、烟台、武汉
2～5 小时	大连、温州、泉州、郑州、长沙、南宁、海口、昆明、银川
5～10 小时	石家庄、唐山、太原、呼和浩特、沈阳、南昌、成都、贵阳、西安、乌鲁木齐
大于 10 小时	长春、哈尔滨、重庆、拉萨、兰州、西宁

注　1. 表中所有指标范围向下包含。
　　2. 表中排名不分先后。

2023 年，50 个主要城市的用户平均停电频率 1.38 次/户，比全国平均值少 0.92 次/户。北京、天津、上海、南京、无锡、徐州、常州、苏州、南通、潍坊、扬州、杭州、宁波、绍兴、福州、厦门、济南、青岛、烟台、武汉、广州、深圳、佛山、东莞、昆明、银川的用户平均

---

❶ 50 个主要城市覆盖 4 个直辖市、27 个省会城市、5 个计划单列市及 2022 年其他 14 个 GDP 排名靠前的城市。

停电频率少于 1 次/户，沈阳、长春、哈尔滨、拉萨、西安的用户平均停电频率超过 3 次/户。
2023 年主要城市用户平均停电频率分布情况见表 4-41。

表 4-41　　　　　　　　　2023 年主要城市用户平均停电频率分布情况

用户平均停电频率	城市
小于 1 次	北京、上海、广州、深圳、天津、南京、无锡、徐州、常州、苏州、南通、潍坊、扬州、杭州、宁波、绍兴、福州、厦门、济南、青岛、烟台、武汉、佛山、东莞、昆明、银川
1~2 次	太原、呼和浩特、温州、合肥、泉州、郑州、长沙、南宁、海口、成都
2~3 次	石家庄、唐山、大连、南昌、重庆、贵阳、兰州、西宁、乌鲁木齐
大于 3 次	沈阳、长春、哈尔滨、拉萨、西安

注　1. 表中所有指标范围向下包含。
　　2. 表中排名不分先后。

（二）地级行政区供电可靠性指标

2023 年，全国 333 个地级行政区❶的用户平均停电时间范围为 0.04~176.78 小时/户，其中，41 个地级行政区（占 12.31%）的用户平均停电时间少于 2 小时/户，64 个地级行政区（占 19.22%）的用户平均停电时间超过 15 小时/户，190 个地级行政区（占 57.06%）的用户平均停电时间高于全国平均值（7.83 小时/户）。2023 年全国地级行政区用户平均停电时间分布如图 4-85 所示。2023 年部分地级行政区用户平均停电时间分布情况见表 4-42。

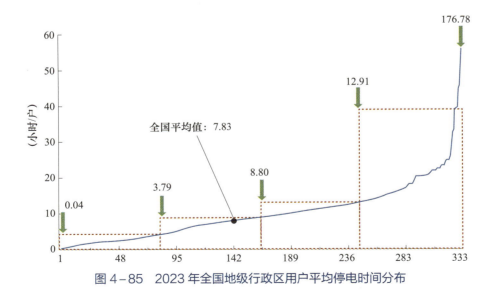

图 4-85　2023 年全国地级行政区用户平均停电时间分布

---

❶ 全国一共 333 个地级行政区由国家电网公司、南方电网公司、山西地电、云南保山电力所报数据计算得到，其他单位未报送数据，三沙没有农村地区，不含北京、天津、上海、重庆 4 个直辖市。

表 4-42   2023 年部分地级行政区用户平均停电时间分布情况

用户平均停电时间	城市
小于 2 小时	**江苏**南京、无锡、徐州、常州、苏州、南通、连云港、淮安、盐城、扬州、镇江、泰州、宿迁；**浙江**杭州、宁波、嘉兴、湖州、绍兴、金华；**安徽**合肥、黄山；**福建**福州、厦门；**山东**济南、青岛、淄博、烟台、潍坊、威海、日照；**湖北**武汉；**广东**广州、深圳、珠海、佛山、江门、惠州、东莞、中山；**海南**三亚、三沙
2～5 小时	**内蒙古**乌海；**辽宁**大连、盘锦；**浙江**温州、衢州、舟山、台州、丽水；**安徽**芜湖、蚌埠、淮南、马鞍山、淮北、铜陵、安庆、滁州、阜阳、宿州、六安、亳州、池州、宣城；**福建**莆田、三明、泉州、漳州、南平、龙岩、宁德；**山东**枣庄、东营、济宁、泰安、临沂、德州、聊城、滨州、菏泽；**河南**郑州；**湖北**鄂州；**湖南**长沙、湘潭；**广东**韶关、汕头、肇庆、梅州、汕尾、河源、清远、潮州、揭阳；**广西**南宁；**海南**海口；**云南**昆明、玉溪；**陕西**宝鸡；**宁夏**银川；**新疆**克拉玛依
大于 30 小时	**云南**保山；**西藏**日喀则、昌都、林芝、山南、那曲、阿里；**青海**海北、果洛、玉树

注   1. 表中所有指标范围向下包含。
      2. 表中排名不分先后。

2023 年，全国 333 个地级行政区的用户平均停电频率范围为 0.09～14.43 次/户，其中，53 个地级行政区（占 15.92%）的用户平均停电频率少于 1 次/户，35 个地级行政区（占 10.52%）的用户平均停电频率超过 5 次/户，180 个地级行政区（占 54.05%）的用户平均停电频率高于全国平均值（2.30 次/户）。2023 年全国地级行政区用户平均停电频率分布如图 4-86 所示。2023 年部分地级行政区用户平均停电频率分布情况见表 4-43。

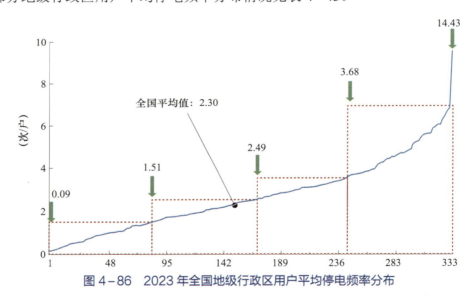

图 4-86   2023 年全国地级行政区用户平均停电频率分布

表 4-43   2023 年部分地级行政区用户平均停电频率情况

用户平均停电频率	城市
小于 1 次	**江苏**南京、无锡、徐州、常州、苏州、南通、连云港、扬州、镇江、泰州、宿迁；**浙江**杭州、宁波、嘉兴、绍兴；**福建**福州、厦门；**山东**济南、青岛、淄博、枣庄、东营、烟台、潍坊、济宁、泰安、威海、日照、临沂、德州、菏泽；**湖北**武汉；**广东**广州、韶关、深圳、珠海、汕头、佛山、江门、茂名、肇庆、惠州、汕尾、清远、东莞、中山、潮州、揭阳；**海南**三亚、三沙；**云南**昆明；**宁夏**银川；**新疆**克拉玛依

续表

用户平均停电频率	城市
大于 5 次	山西朔州；**辽宁**阜新、葫芦岛；**吉林**长春、吉林、四平、辽源、通化、松原；**黑龙江**哈尔滨、齐齐哈尔、鸡西、鹤岗、双鸭山、大庆、伊春、佳木斯、黑河、绥化；**广西**贺州；**四川**雅安、资阳、阿坝、甘孜、凉山；**云南**保山；**西藏**拉萨、日喀则、林芝、山南、那曲；**陕西**延安；**甘肃**酒泉、庆阳；**青海**玉树

注 1. 表中所有指标范围向下包含。
　　2. 表中排名不分先后。

（三）不同规模城市供电可靠性指标

根据 2022 年住建部年鉴公布城市数据，参考国务院城市规模分类，按特大及以上规模城市、大城市、中等城市和小城市四类进行四分位统计，各类城市❶的用户平均停电时间范围分别为 0.16～12.25 小时/户、0.15～21.64 小时/户、0.29～24.53 小时/户、1.77～176.78 小时/户，中位值分别为 0.89、5.38、8.49、11.85 小时/户。

2023 年大型城市的用户平均停电时间分布情况见表 4-44。

表 4-44　　　　　　　　2023 年大型城市用户平均停电时间分布情况

城市规模	特大及以上规模城市	大城市	中等城市	小城市
最优值	0.16	0.15	0.29	1.77
第 25%值	0.58	1.91	4.35	7.51
中位值	0.89	5.38	8.49	11.47
第 75%值	3.87	9.00	11.12	16.09
最末值	12.25	21.64	24.53	176.78
排名前五的城市	北京、广州、深圳、杭州、东莞	宁波、绍兴、厦门、珠海、佛山	镇江、泰州、嘉兴、中山、三亚	衢州、丽水、黄山、亳州、池州

注 表中排名不分先后。

---

❶ 统计地级及以上行政区城市，不含县级城市。

第五章
电力可靠性创新与实践

第一节　提升电力可靠性的先进技术应用

一、提升发电可靠性的先进技术应用

2023 年，发电企业通过控制系统国产化、智能预警系统的应用以及在火电、水电、核电、新能源和储能领域的广泛实践，推动电力行业的数字化、智能化转型，为实现能源的高效可靠和可持续发展作出了重要贡献。

发电控制系统国产化方面取得新进展，煤电、G50 重型燃机、新能源的控制系统国产化升级改造全面展开，技术不断成熟完善。第四代核电技术应用达到世界领先水平，全球首座第四代核电站——山东石岛湾高温气冷堆核电站示范工程正式转商业运行。传统火电设备在线监测系统、故障分析和预警系统建设取得新进展，应用云平台资源和大数据分析技术，对设备潜在风险进行量化评价，实现了机组安全、可靠、高效、环保运行。水电企业积极开展流域水电建设，构建长中短期流域径流预报模型，研发集水情、预报、调度等多维信息一体的梯级水电调度决策系统，通过开展试点应用提升了水能资源利用效率。新能源企业产学研用深度融合应用云计算、大数据平台、新一代 5G 技术，自主开发了新能源功率预测系统，实现了场站高分辨率、高准确性风光功率预测和全生命周期数据应用。

二、提升输变电可靠性的先进技术应用

输变电可靠性先进技术的应用主要体现在智能巡检和带电作业方面，其中智能巡检提升了电力设备缺陷隐患发现的能力，减少了设备非计划停运的频次；带电作业减少了设备计划停运的频次和不可用时间。

（一）智能巡检技术

2023 年，国内智能巡检技术水平继续上升，广泛应用到发电厂、变电（换流）站、开关

站、输电线路、海底电缆、电缆隧道等多个领域，主要技术包括无人机和机器人巡检、图像远程监测、设备状态监测等技术。电力企业着力打造智能巡检全流程在线化、移动化、互动化应用模式，高质量实现巡检管理规范化、业务数字化、技术实用化、队伍专业化。

输电方面，全面整合通道可视化、无人机、在线监测、移动巡检等终端及系统，集成建设了输电线路全景可视化监视平台，打造了以卫星遥感为天、直升机无人机为空、在线监测及人工为地的立体巡检体系，实现了设备本体、线路通道、设备状态、气象环境等的集中监控，开展一体化的图像智能识别与分析预警，支撑辅助决策，最终实现了向以"立体巡检＋集中监控"为特征的智能巡检模式转变。

变电方面，构建智能巡视系统，融合摄像机、无人机、机器人、声纹监测装置、数字化表计等各类终端设备，全方位获取设备状态信息，实现设备"外部可观，内部可测"；加快推进表计识别、缺陷研判等算法训练、迭代、升级，加快智能巡视算法生态建设，推进变电（换流）站智能巡视规模化应用，实现变电站巡视的智能替代。在电力保供、设备重过载、恶劣天气等特殊场景下，远程快速获取并判断设备运行状态；在故障跳闸、突发设备异常等场景下，通过视频联动等功能快速确认设备状态。

（二）带电作业技术

2023 年，电力企业在电网检修中大力推进带电作业新技术及先进装备应用，直升机、无人机、机器人、激光技术、虚拟现实技术、数字化勘察等得到推广应用，带电作业技术手段不断更新升级，自动化和智能化水平不断提升，有效改善了带电作业效率和质量，其中特高压带电作业技术达到国际领先水平。

在输电方面，电动升降装置、无人机、直升机带电作业新工法在部分公司取得实质性的应用，实现全国首次 500 千伏紧凑型线路带电更换复合绝缘子串，首次直升机 X 射线带电检测并规模化推广，有效减少停电次数，有力促进输电设备可靠性提升。

在变电方面，带电作业在部分省市取得突破性应用，机器人、绝缘承载平台等各类新技术、新工法、新工具在变电设备带电检修方面进行实质性应用，变电带电作业正逐步向自动化与智能化方向转型。

三、提升供电可靠性的先进技术应用

全国供电企业不断提升配电网综合承载能力，加大新技术应用力度，从配电自动化实用化、无人机智能巡检及不停电作业等方面精准发力，全力推动供电可靠性再提升，有力保障了民生可靠用电。

（一）配电自动化技术应用

2023 年，配电自动化技术应用不断深化，各供电企业在继续推进配电网自动化建设基础上，推进配电自动化实用化及配电网自愈建设，实现了配电网自动化全过程常态化管理。

国家电网实现配电自动化主站地市全覆盖，配电自动化线路覆盖率达 97.2%，融合终端覆盖率 21.7%，参与线路倒闸 20.4 万次，减少停电时户数共计 437.9 万余时户数，北京、山东、宁夏、青海公司馈线自动化覆盖率达到 90% 以上。

南方电网大力推进了配电自动化实用化和自愈建设应用，配电自动化有效覆盖率 91.98%，终端投运率 100%，故障研判准确率 98.99%。深圳、广州、珠海、佛山、玉溪和瑞丽等 6 个地区实现了馈线自愈全覆盖，非故障区段用户复电时间由小时级降至分钟级水平。

内蒙古电力集团按照"主配调控一体化"技术路线，在所属盟市供电公司全部建成配电自动化主站，在旗县区部署工作站 171 个，安装配电终端 3.1 万台，配电终端覆盖率 95%，终端在线率 96%，360 条线路实现自愈功能。

（二）无人机技术应用

2023 年，供电企业持续扩大无人机巡检作业应用范围，推进无人机巡检信息系统建设。无人机巡检作业已覆盖杆塔精细化巡检、通道巡检、竣工验收巡检、检测检修、勘察设计、应急抢险等多类场景，能适应各种天气和复杂地理环境，部分供电企业建成了统一的配电网架空线路智能巡检平台。

国家电网以"扩规模、全自主、低成本"为导向，不断加强无人机装备配置和人员取证，常态化开展无人机工程验收巡视、通道巡视和杆塔精细化巡视作业，积极探索设备状态检测、辅助检修、勘察设计等拓展应用，无人机配置架数和作业资质取证人数同比分别增长 52% 和 76%，自主巡检杆塔基数占比达到 21.6%；广泛开展无人机喷火清障、牵引放线、传递工器具、施工安全监察、数据采集维护等作业，充分发挥无人机多场景应用质效。

南方电网全面推广配电网架空线路智能巡检，持续建立和完善配电机巡管理、技术及作业标准体系，推动航线规划、数据采集、智能识别导线等关键技术快速发展，搭建由机巡云盘、机巡智航、机巡通、机巡建模、机巡智测、机巡智图六个模块组成的统一机巡系统，支撑配电网机巡"现场作业—数据存储—数据分析—闭环管控"全流程。

内蒙古电力集团利用直升机、无人机、机器人、状态感知监测等终端，应用自动驾驶、激光雷达扫描、人工智能和边缘计算等新技术，建立输变配一体化巡检、网格化多机多巢协同巡检模式，下属 12 家供电公司无人机自动巡检航线规划完成 100%。

（三）不停电作业技术应用

2023 年，供电企业在配电网不停电作业上持续推动技术创新，以实现不停电作业规模化、高质量发展为目标，统筹考虑配电网建设、运维及不停电作业的关系，重点关注配电网规划、典型设计、标准物料等环节与配电网不停电作业的适应性，推动供电可靠性持续提升。

国家电网全面推动不停电作业能力提升，开展基于绝缘防护的 35kV 不停电作业试点，验证了基于登杆、绝缘斗臂车、绝缘平梯等不同登高方式的绝缘手套作业法、绝缘杆作业法。拓展带电作业机器人应用，实现带电接引线（平行、垂直）、断引线、安装接地环、安装驱鸟器等 15 种作业场景。

南方电网按照典型引领、创新发展、分类施策、逐步推广的原则，从配电网网架适应性改造、小区双电源建设、配电网自动化覆盖、不停电作业能力提升等方面有序推广不停电作业，实现配电网设备检修、抢修、业扩、工程施工等全业务不停电管理，2023 年所辖全部县区级供电企业带电作业开展率达到 100%。

内蒙古电力集团强化不停电作业能力建设，构建起"1 个公司级 + 5 个盟市级"的配电带电作业自主取证培训框架体系，自主取复证培训人数已超过 400 人，配电带电作业持证人员达到 735 人，全年累计开展配电网带电作业 31320 次，同比增长 64%。

第二节　电力行业电力可靠性管理数字化转型

为全面贯彻落实《可靠性办法》有关要求，2023 年中电联可靠性管理中心联合国家能源局电力可靠性管理和工程质量监督中心共同推进电力可靠性管理数字化建设，基于现有电力可靠性管理信息系统和工作体系，对电力可靠性管理信息系统进行完善升级，重视新媒体传播，打造全国电力可靠性微信公众号媒体平台、沟通平台和服务平台，进一步提升中心品牌的知名度和影响力。

（一）发电可靠性管理信息系统

1. 光伏发电可靠性系统上线运行

依据国家能源局《发电设备可靠性评价规程　第 7 部分：光伏发电设备》（DL/T 793.7—2022）要求，在现有发电可靠性信息管理系统应用功能基础上，增加光伏可靠性应用模块，实现光伏发电组（群）注册信息、事件信息及发电量信息的维护、查询、整理和统计分析，进一步满足行业和企业开展光伏发电可靠性统计和评价工作需要。

中电联于 2023 年 07 月 31 日印发《中电联关于组织开展集中式光伏发电可靠性信息报送工作的函》（中电联可靠函〔2023〕192 号），组织中国华能、中国大唐、中国华电、国家电投、国家能源集团、三峡集团等全国大型发电企业，以及京能集团、浙能集团、广东能源集团等区域性发电企业等已开展光伏发电可靠性管理的企业，按时报送集中式光伏发电可靠性信息。

2. 发电可靠性报告自动生成功能开发应用

适应发电可靠性行业服务质量和服务范围的不断提升，在现有发电可靠性信息管理系统应用功能基础上，增加发电可靠性报告自动生成模块，建立发电可靠性"源数据模型库"，实现燃煤、燃机、水电、风电与光伏等各发电专业分析报告，一键批量快速自动生成，支撑发电可靠性个性化、多元化、高效化的开展。

通过发电可靠性报告自动生成功能的应用，中电联已为中三峡集团、国家能源集团等大型发电企业，哈尔滨电气、上海电气等主机设备制造企业等提供高效、专业的市场化分析报告，持续行业服务质量，拓展服务范围。

（二）供电可靠性管理信息系统

1. 供电可靠性主站系统上线

中电联于 2023 年 11 月 07 日印发《中电联关于供电可靠性管理信息系统升级软件上线运行的通知》（中电联可靠〔2023〕294 号）。供电可靠性主站系统（简称"新系统"，见图 5-1）已于 2023 年 11 月 1 日在中电联可靠性管理中心正式上线运行。

新系统支持以下三种使用方式：

（1）各单位可通过登录新系统在线直接填报可靠性数据。

（2）各单位可根据自身需要，申请将新系统部署至企业内网，并通过内网系统导出数据包后，登录新系统在线报送数据包。

（3）各单位可保留原自有系统，按照数据包格式要求，直接从自有系统中导出数据包，通过登录新系统在线报送数据包。

2. 低压供电可靠性管理功能开发应用

依据国家能源局《供电系统供电可靠性评价规程 第 3 部分：低压用户》（DL/T 836.3—2016）要求，在现有供电可靠性信息管理系统应用功能基础上，增加低压停电事件维护、查询、上报功能，精准收集并分析低压侧用户所受影响的停电事件数据，更全面地评估供电终端用户的可靠性状况。

3. 供电可靠性数据校核功能完善

为进一步提升供电可靠性数据管理与分析能力，确保供电数据的真实性和有效性，从而

图5-1　供电可靠性主站系统

为电力行业的决策提供有力支持，中电联可靠性管理中心显著扩大了对电力企业月度报送的供电可靠性数据完整性和准确性的校核范围，从同比和环比两个角度出发，更精确地分析关键指标数据差异（系统平均停电时间SAIDI-1、系统平均停电频率SAIFI-1、停电总时户数、停电累计户次、等效总用户数、变压器台数、变压器容量、架空线累计长度、电缆线路计长度、线路累计长度以及出线开关台数等），更准确地把握供电可靠性的变化趋势和数据波动情况，识别出可能存在的问题和隐患，更全面、深入地评估供电可靠性。

为及时向电力企业反馈数据质量情况，中电联可靠性管理中心每月发布"供电可靠性数据质量异动分析报告"，详细记录各项关键指标的校核结果、同比和环比分析情况以及可能存在的问题和建议，电力企业可通过数据质量分析报告，及时了解自身在供电可靠性方面的表现，并采取相应的措施进行改进和提升。

（三）中电联可靠性管理中心微信公众号

秉承中电联"立足行业、服务会员、沟通政府、联系社会"的宗旨，重视新媒体传播，根据可靠性中心品牌打造、日常工作开展及服务平台定位，建设中电联可靠性管理中心微信公众号（见图 5-2），实现电力可靠性专业服务（信息公开、品牌活动、咨询服务）、教育评价（专业培训、能力培训、继续教育）和发现中心（行业动态、中心介绍、信息导航）栏目式新媒体管理，并从应用层面支撑中电联发电、供电、输变电可靠性跨业务融合公众号管理，进行电力可靠性确定用户、意向用户及潜在用户推广。

图 5-2　中电联可靠性管理中心微信公众号界面

中电联可靠性管理中心微信公众号的正式上线运行，有利于加强会员服务创新、提升会员服务质量，而且对创新行业宣传模式、拓展社会沟通渠道、提升口碑和专业影响力都具有重要作用和意义，打造全国电力可靠性媒体平台、沟通平台和服务平台，让中心品牌在业内进一步传播，强化中心品牌的知名度和影响力。

中电联可靠性管理中心微信公众号累计关注用户近 600 人，2023 年净增关注人数约 450 人，月度阅读流量近 2000 次，单个热门主题阅读流量突破千次，如图 5-3 所示。

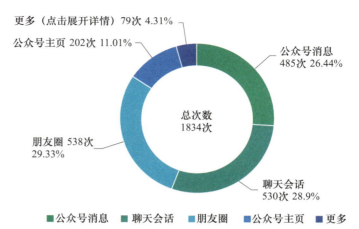

图 5-3　中电联可靠性管理中心微信公众号二维码及活跃情况

第三节　电力可靠性示范工程

一、城中村配电网改造示范

城中村配电网改造以提高安全可靠供电、满足人民群众美好生活的用电需求为出发点和着力点。下面国网厦门供电公司案例介绍城中村供用电整治方面的经验。

1. 基本情况

厦门城中村面积占比 2.34%，居住人口占比高达 43%，用电负荷密度高、基础设施薄弱，城中村与城区发展不同步、不协调的问题突出。国网厦门供电公司为解决城中村局部供电能力不足、安全隐患突出等问题，推动政府将"涉电"改造纳入城中村现代化治理，政企协同推进城中村电力提升建设，助力城市配电网高质量发展。

2. 技术路线

加强中压网架和架空线路改造，结合区域网格目标网架，升级、补强各村网架接线模式，实现 10 千伏架空线路全缆化，优化台区布点，加强台区低压线路改造，推进用户侧治理。

3. 主要举措

一是推进城中村电力提升改造与片区发展相融。统筹城中村发展需求，融入政府改造规划，推动政府先后出台《厦门市城中村改造试点工作方案》《厦门市城中村现代化治理三年行动方案（2023—2025 年）》，将"涉电"改造纳入城中村改造重点工作范畴，以满足十年负荷增长、新能源发展需要为目标，结合弱电、雨污、消防、景观、停车场及充电站（桩）等建设需求，在保护传统文化和村庄特色基础上，"一村一策"制订改造方案。

二是推进城中村配电网改造。编制出台《城中村配电网建设改造技术实施细则》，统一全市城中村电力提升改造标准。统筹空间保障，空间利用"先做减法再做加法"，通过拆除违章、点状征收、危房解危等措施，保障电力设施新建空间。升级和补强网架结构，将单辐射架空线路改为电缆单环网接线或升级为双环网次干环。优化建设方案，电力设施"先立后破"，先建新电网，后拆旧电网，缩小停电范围，减少停电时间；管线通道"一次建成"，统一开挖路面，各类管线通道同步布管，为综合停电管理创造条件。

三是构建城中村"共享站房"建设模式。创新"共享站房"，最大化利用地面空间资源，一地多用有效聚合配电站房、通信机房、社区工作站等设施，满足各类功能需求。"共享站房"房屋产权归社区集体所有，统一管理，强电、弱电、通信等各建设运维单位无偿长期使用，实现"共建、共治、共享"的共赢局面，全市累计已建成 19 座城中村"共享站房"。

四是优化台区布点和低压接线。将配电变压器布置进负荷中心，控制台区最高负载与供电半径，在负荷密集区新建大容量箱式变、配电站房，每台变压器负载率按 40%～50%控制，按 3～5 回馈出低压线路，每回低压线路按 50%负载控制，并合理分配三相负荷，低压供电半径尽量缩短至 150 米以下。推进村内主路低压线路电缆化改造，小巷内无法缆化的低压架空线路重新架设大截面绝缘导线。在表箱密集区新增动力开关箱分散控制负荷，隔离单户故障影响。

五是推进用户侧安全隐患和超容量用电治理。开展用电普查，分析用户用电数据，入户调查装表容量与实际用电情况，梳理各户实际用电容量需求，按"一户（栋）一表箱"严格规整，重新绘制表箱定位图，新表箱按用户实际用电容量需求配置，解决用户表后线私拉乱接、超容用电现象。

六是建立政企协同"两项机制"。建立"联合机制"，厦门市政府从市、区、街道分层分级成立领导小组与工作组，国网厦门供电公司对应成立指挥部与工作专班，建立专业协同、政企联席会议机制，定期统筹协调、推进过程问题解决。建立"出资机制"，明确出资界面，土建部分由政府出资，电气部分由政府与供电公司按 5:5 分摊，紧急改造的村在财政立项前签订可调价合同、支付 30%预付款，落实启动资金。

4. 建设成效

2023 年，厦门全市累计完成 20 个整村改造，累计新建、改造台区 879 个，新增供电容量 16 万千伏安，城中村改造后用电安全、人居环境显著提升，供电可靠性达到 A 类区域及以上水平，实现"用上电"到"用好电"转变，惠及 54 万常住人口。

二、农村配电网提质示范

农村配电网提质示范，旨在推动农村电力设施现代化，提高供电能力和供电质量，全面承载分布式可再生能源开发利用和就地消纳，助力乡村振兴。下面以国网湖北供电黄冈农村配电网示范建设为例介绍相关实践经验。

1. 基本情况

2023 年，国网湖北黄冈供电公司供电区域 64 平方千米，属于 C 类农网地区，供电服务范围涉及 17 个行政村，供电人口约 2.8 万人，辖区内有 220 千伏变电站供电 1 座，10 千伏线路 8 条、公用变压器 260 台、专用变压器 177 台、线路绝缘化率 99%。面对农村光伏广泛接入、新能源充电桩蓬勃发展的趋势，构建黄冈高承载力、高可靠性农村现代智慧配电网示范区。

2. 技术路线

通过精准投资夯实网架基础，深化开展配电自动化，提高配电网故障处置及防御能力，全面开展低压透明化建设实现低压用户可观、可测、可控、可调，在核心区探索应用柔性互联技术有效提升供电可靠性和电压质量，同时满足分布式能源在互联系统内灵活接入和消纳，建设"源—网—荷—储—充"数字化监控平台支撑新型配电网可靠运行，深化应用无人机智慧巡检，提升设备巡检质量，降低设备故障。

3. 主要举措

一是夯实网架基础。严格落实精准投资，坚持问题导向，通过梳理线路联络关系，简化复杂网架，合理优化线路供区。全面消除线路重过载、接线复杂、无效联络等问题，提升线路"$N-1$"通过比例，使区域电网结构更均衡。

二是拓展配电自动化建设。实现 10 千伏馈线自动化覆盖率 100%，对于高比例分布式资源接入的线路，试点开展 5G 差动保护、智能分布式保护改造，提高配电网故障处置及防御能力。

三是全面开展低压透明化建设。采用"集中器＋HPLC 智能电能表"模式进行数据采集，通过中台实时量测中心接入云主站全面实现低压用户可观、可测。对于存在 0.4 千伏分布式光伏上网的台区，采用"TTU＋智能断路器"模式，建立低压四级智能分布式保护体系，实现对低压线路的状态感知、电气拓扑识别、故障隔离及对分布式光伏的并网保护，进一步实现低压配电网可控、可调，为改善低压配电台区重过载、提高台区分布式能源消纳、降低线损等提供技术手段。

四是在核心区探索应用柔性互联技术。建设中、低压柔性互联系统，实现向医院、学校和党政机关等核心区域供电的 5 个台区光储充柔直互联（见图 5-4），系统接入光伏 837 千瓦、储能 300 千瓦/300 千瓦·时、充电桩 5 个 300 千瓦。按照"分层分级，就地平衡"的原则，建立群调群控的平衡控制策略，可控容量为 2.5 兆瓦，在上级电源全停的极端情况下，仍可依托分布式光伏、分布式储能、V2G 充电桩、移动电源车等手段保障微电网稳定运行 2 小时以上，重要负荷可以稳定运行 24 小时以上，有效提升供电可靠性和电压质量，满足分布式能源在互联系统内灵活接入和消纳。

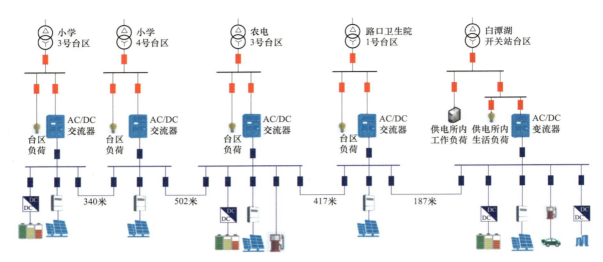

图 5-4 光储充柔直互联台区架构图

五是建设"源—网—荷—储—充"数字化监控平台。对区域内大型开关站间隔进行数字化改造，基于"中台+应用"聚集联动调度自动化、调控云、配电自动化、用电信息采集等系统，形成供区内电网、光伏、储能、充电桩、可控负荷等海量数据的全汇聚、全感知，构建配电网"动态一张图"，提升配电运行可靠性。

六是深化无人机智慧巡检。积极拓展无人机在电网改造工程、线路通道巡视、应急抢修等场景应用，基于 PMS3.0 的配电网无人机巡检微应用，结合激光点云建模、无人机航线自动规划、缺陷隐患图像识别、飞行模拟训练等技术，构建"视频轮巡"+"人机协同"+"自主巡检"配电网立体巡视新模式，实现配电专业无人机规范化、规模化应用。探索氢能长距离无人机巡视应用。

4. 建设成效

2023 年，湖北黄冈路口镇区域联络率提升至 100%，馈线自动化覆盖率提升至 100%，网架标准化率 100%，分布式电源可观可测可控比例 100%，新能源消纳比例 100%，该农网地区用户平均停电时间由 4.38 小时降低至 2.62 小时，同比下降 40%。

三、低压可靠性管理示范

近年来，国家能源局组织各电力企业积极探索低压供电可靠性的统计、管理和应用。下面以广东广州供电局低压可靠性示范区建设为例进行经验介绍。

1. 基本情况

广东电网有限责任公司广州供电局供电面积 7434 平方千米，供电用户 668 万户，全社会用电量约 1205 亿千瓦·时。配电网公用线路 8023 条，公、专用变压器用户数 9.3 万户，全域绝缘化率 89.5%。2023 年开展面向客户的低压可靠性管理水平提升工作，建立具有"管理精益、技术先进、基础完备"特征的低压可靠性管理体系。

2. 技术路线

通过完善基于智能终端数据融合的低压配电网可靠性数据自动采集和数据动态维护规范，建立低压配电网可靠性的闭环管理体系和统计系统，实现低压可靠性数据实时性、准确性。建设低压可靠性示范区，深化应用中低压协同自愈、低压透明化和不停电作业等先进技术，着力打造本质可靠配电网。

3. 主要举措

一是实现低压可靠性自动统计分析。结合智能电能表覆盖和新一代量测体系建设，构建低压配电网全链路数据流贯通模型，高效整合来自低压用户智能电能表、GIS 系统、营销管理系统及其他信息采集系统的可靠性相关数据，应用数据挖掘及分析技术，建立数据集成规范，实现以智能电能表停电事件为主，低压计划停电、用户报障等事件校核补充为辅的低压可靠性自动统计。建设低压配电网可靠性分析与精准管控系统，精准输出投资运行策略，实现靶向式提升。

二是构建"简强有序、主配协同、中低压互济"的配电网高效自愈新形态。投运"木棉花型"中低压协同自愈配电网，创新性构建"多台区协同互联"的网格化供电架构，攻关馈线动态分组高效自愈策略，自愈动作时间进入 1 分钟以内，打造"100%负荷零损失、100%发电车零使用、100%停电零感知"高品质供电示范样本。

三是构建配电智能运维体系。建立设备本体智能化和传感器＋摄像头＋无人机等多维终端基础感知体系。基于南方电网"南网智瞰＋全域物联网"底座，贯通计量自动化、配电自动化和全域物联网等业务数据，打造云边协同的生产运行支持系统，支撑停电监测、智能监测、智能巡视等业务应用，推进智能巡视、智能操作、智能安全等多场景的"机器代人"。建立与生产业务发展相适应的生产组织模式为目标，稳步推进两级生产指挥中心建设，全面构建配电网"生产指挥中心＋网格化"的生产组织集约化管理模式并全面运作。

4. 建设成效

2023 年广州供电局全域客户平均停电时间历史性进入 15 分钟，其中越秀区党政军高可靠性示范区和荔湾区永庆坊历史文化街低压可靠性示范区客户平均停电时间小于 1 分钟，供电质量达世界顶尖水平。建成全国最大规模主站集中性自愈配电网，2023 年自愈有效动作 730 次，减少近 2.6 万中压时户数损失，压减用户平均停电时间约 0.3 小时。全面推广高效自愈策略，已完成覆盖 11 个区局、超过 2000 回馈线高效自愈建设，高效自愈动作 103 次，平均耗时 81.2 秒，动作时间减少 46.82%。

四、配电设备可靠管理示范

当前，配电网故障停电已是影响供电可靠性的主要因素，提升配电设备可靠水平，降低配电设备故障，变得愈发重要。下面以广东东莞供电局打造电力设备可靠性立体管控体系为例进行经验介绍。

1. 基本情况

广东电网有限责任公司东莞供电局认真贯彻上级提升供电可靠性工作部署，以配电网生产难题为导向，以提高设备质量为核心，以提高供电可靠性为抓手，基于电力设备智能检测平台打造了设备可靠性立体管控体系，有效减少因设备质量导致的停电，实现设备质量源头管控，提高整体供电可靠性。

2. 技术路线

加强设备入网检测，制订配电网设备检测技术体系，基于检测和运行发现的问题，动态优化检测策略，开展配电设备"全覆盖"检测，提升配电网设备入网质量管控水平。深化设备故障分析，开展典型设备质量问题诊断，深度剖析故障根源，制订运维提升措施，指导运维单位开展故障查找与分析处置，提升配电设备运行可靠性。

3. 主要举措

一是实际需求，兼顾经济性、先进性和实用性，高质量建设了智能检测平台。智能检测平台有 13 个电气检测工位、2 个材料实验室和 1 个中控室，具备 25 类配电网物资 113 个项目自动检测能力，实现了配电网物资检测能力全覆盖，具备设备无损探伤及变压器、开关柜等主流设备解体分析能力，是南方电网检测品类、检测项目、占地面积最大的地市级智能检测平台。

二是建立智能检测平台管理制度。明确了智能检测平台到货抽检流程和标准。建立了检测平台月、周送检计划机制，实现到货抽检运转规范有序。建立检测平台到货抽检月报机制，及时发布抽检发现问题。建立差异化处罚机制，跟踪批次性问题整改。建立基于问题的配电网设备全生命周期的技术监督体系。发挥电力设备检测中心装备和技术优势，构建"集中培训＋跟班检测"的设备交接验收技能培训新模式。

三是大力推进物资检测和故障设备解题分析，提升入网设备可靠性。提升物资抽检数量及检测项目，开展典型故障分析，加大故障频发设备抽检力度，源头治理典型故障。对迁改工程物资 100%检测，并对关键物资关键步骤监造验收，从源头杜绝迁改工程"贴牌代工""偷工减料"等问题。结合抽检结果以及在运设备缺陷故障情况，建立重点检测关注清单，实现物资检测有的放矢。近两年累计完成 4782 套配电网物资检测，共计发现问题 867 项，在重点检测关注清单发现问题占比达 40.93%，有效避免存在质量问题的产品流入电网。

4．建设成效

打造电力设备可靠性立体管控体系，可对配电网所有品类（25类物资）实施全项目检测，支撑全市故障停电时间同比下降32%，为提高供电可靠性提供有力支撑。该检测平台通过国家CNAS实验室资质认可，检测技术与流程具有可复制性。管理体系显著提升配电网资产管理水平，获国家"2022年度资产管理体系优秀实践案例"，具有广泛推广意义。

五、新型配电网可靠运行示范

随着分布式电源、储能装置与新型负荷的大量接入，新型配电系统源荷功率双向流动，电网形态、运行方式和负荷特性发生显著改变，给电网可靠运行带来诸多挑战。下面两个案例，在新能源供给、消纳以及新型配电网可靠运行方面探索出一系列优秀做法和先进经验。

（一）国网德州供电公司新型配电网可靠运行示范区建设

1．基本情况

近年来，德州市新能源发展迅猛，装机总容量达到1671.634万千瓦，其中分布式光伏达到了427.715万千瓦，占比25.6%，分布式光伏快速发展造成10千伏线路及台区出现反向重过载问题，影响供电可靠性。为此，国网德州供电公司积极探索新发展模式，逐级推动山东省能源局制定《2023年全省能源工作指导意见》，推进整县分布式光伏规模化开发，打造以新能源为主体的新型配电网可靠运行综合示范区。

2．技术路线

屋顶分布式光伏整村"集中汇流"实现"发用"分离。构建"分级调控"能力全面实现分布式光伏有功柔性可调。通过低压柔直互联技术构建低压直流配电网，直接接入光伏、储能、直流充电桩等直流负荷。深化打造源网荷储一体化的"云储能"平台，实现实时监视分析、协调控制决策、自动充放电管理、调峰辅助等多种功能应用。

3．主要举措

一是创新"集中汇流"并网模式。全面建设屋顶光伏"升压汇流网"，实现整村分布式光伏低压汇集，通过"发用"分离，破解传统户用分布式光伏大量低压接入带来的问题。

二是提升配电网调节能力。全面实现分布式光伏有功柔性可调，采用"D5000系统＋多合一终端"技术路线实现对10千伏分布式光伏柔性调节，采用"D5000系统－调控云—用采系统—Ⅰ型集中器—规约转换器"技术路线实现400伏分布式光伏柔性调节，全面实现10千伏分布式光伏无功电压调节，实现光伏AVC功能部署率100%，源头管控新并网场站调试，推进全场站AGC功能部署。

三是应用低压柔性直流互联技术，建成低压直流微网。在配电变压器低压侧加装融合终端实时监测变压器运行状态，柔性调节相应的分布式光伏发电情况。在台区低压侧增加交直流变换装置，在居民侧增加户用转换装置，实现低压交流配电网整体变换为直流配电网。将光伏、储能、直流充电桩和直流负荷接入直流母线。邻近区域、负荷特性差异大的多个台区通过直流互联，形成多个台区"自治＋互济"模式，实现随负荷波动的精准电压调节控制，有效减少谐波超标问题，实现配电变压器低压侧三相电流实时平衡，让光伏、储能等在多台区间实现动态平衡，有效提高供电可靠性。

四是建成云储能示范项目。深化打造源网荷储一体化的"云储能"平台，依托共享模式及"云储能"配套设备平台，将分布式储能聚合成"云储能"，聚合数据实现实时监视分析、协调控制决策、自动充放电管理、调峰辅助等多种功能应用，光伏消纳能力提升 1.5 倍，解决台区配电变压器反向重过载、用户过电压问题，减少配电网设备故障率，提升设备可靠运行周期。

4．建设成效

2023 年，国网德州供电公司应用低压柔直互联技术累计建成 20 个"自治＋互济"直流互联台区，全部分布式光伏接入"云储能"平台，全面建成可观、可调、可控新型配电网。10 千伏线路故障停运率由 0.50 次/（百千米·年）压降至 0.13 次/（百千米·年），降幅 74%，频繁停电工单由 452 件压降至 200 件，降幅 55.75%。全口径用户平均停电时间由 5.65 小时/户压降至 2.86 小时/户，可靠供电水平大幅提升。

（二）贵州六盘水盘州羊场乡近零碳示范区

1．基本情况

贵州电网六盘水供电局针对农村电网配电线路网架结构薄弱、供电半径长、供电区域广的情况，在盘州羊场乡建设了近零碳示范区，提升分布式光伏电能消纳能力和农村供电可靠性，助力提升农村电网绿色化、低碳化水平，助力农村产业转型，助力乡村振兴。

2．技术路线

应用低压柔性直流技术和具备便捷构网能力新型储能装置，融合分布式能源数字化技术，打造分布式智能微网，解决新能源消纳中存在的频繁停电、潮流反送、过/欠电压和配电变压器重/过载等问题，促进提高供电可靠性。

3．主要措施

一是自主研发低压交直流一体化新装置。在保留现有交流网架结构和用电形式不变的情况下，将直流网络嵌入现有交流台区的首末两端，实现交流直流的同通道架设，实现不新增低压配电通道的情况下，对现有交流通道进行扩容，首尾两端的换流装置可以同步参与交、直流电网潮流的优化与调节。

二是自主研发主动支撑技术，利用构网装置和更少量的储能来解决分布式清洁能源的消纳和台区复电问题。通过充分利用构网型 PCS 的功率、电压平衡能力，实现基于分布式光伏返送电能和储能充放电的台区主动支撑，同时具备削峰填谷以及灵活调节能力，与新建微电网成本降低 50% 以上，有力缓解了投资压力。

三是自主研发分布式能源数字化技术。构建以数字为尺的绿色低碳价值体系，形成"数字－能量－碳排放"的立体价值标签，引导清洁能源有序并网，形成能源低碳流，促进低碳节能与收益、效率形成强相关。

四是自主研发智能光伏断路器。智能光伏断路器可对电气回路中电压和电流的大数据进行计算分析，监测回路阻抗实现异常告警，具备电能质量监测及快速监测孤岛并立即断开与分布式光伏电源连接的能力，为光伏并网提供保障。此外，智能光伏断路器基于微电流技术拓扑识别，对电网冲击小，拓扑识别成功率 100%。

五是自主研发多能源异构协议转换器。多能源异构协议转换器与光伏逆变器之间满足直连及通过串口转接器连接等连接方式，应对多样的现场环境，增强现场适配性，支持光伏信息采集系统和光伏云主站系统的优先级调度，实现无缝切换。

六是自主研发智能终端设备。设备以国产"伏羲"芯片为基础，采用全国产化硬件架构，在多个异构处理器独立地运行不同的操作系统或逻辑程序，同时使用 MB、共享内存等机制实现高效通信、数据交换，最终实现多核高效协同工作，从而满足现场设备的通信要求。

4. 建设成效

随着羊场乡近零碳示范区的建设落地，有力支持了分布式光伏发电消纳，极大提升了配电网的稳定性和供电能力，停电现象大幅减少，电压稳定，确保了家用电器的正常运行和农业生产的顺利开展，根本解决了老百姓用电问题，有效促进乡村产业转型。

六、园区新能源微电网可靠运行示范

园区新能源微电网可靠运行示范建设是能源高效利用示范、新型能源体系规划建设、绿色低碳产业体系重塑等方面迈出的关键一步。以下江苏镇江扬中"光储充直柔微电网"建设案例，为工业企业节能降碳、建设绿色园区提供了切实可行的解决方案，加快新型电力系统建设步伐，稳步持续推进"双碳"目标。

1. 基本情况

江苏省扬中市是我国东部唯一的高比例新能源示范城市，电气工业品城是一个集电气原料及成品的采购、展览和销售为一体的专业电气园区，园区内有全国唯一一座以电气工程为主题的博物馆，展示了扬中电气工业发展成果和行业走向，工商业用电负荷大，周边有一个快递集散中心，电动汽车充电需求大，区域内存在源荷时空不匹配、源荷互动能效低、配微互动需求多的问题。

2. 技术路线

在光伏、充电桩、储能等直流源荷集中的区域，建设直流微网，促进本地化消纳，达到区内供需基本自平衡。在原新坝充电站位置扩建"光储充直柔"高效微网（见图5-5），通过低压柔性互联装置连接电气城1号变压器与安置小区2号变压器低压母线，互联装置两段直流母线分别带各自台区的直流源荷，并通过直流断路器实现分段运行与互联运行两种模式的切换；交流并网点根据台区功率因数动态调节无功出力，提升运行能效。

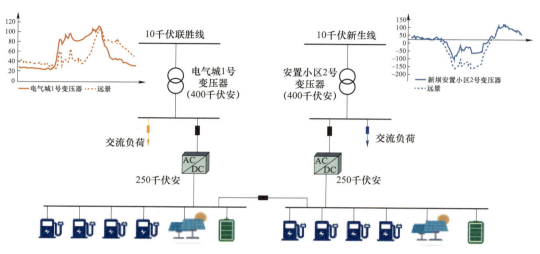

图 5-5 微电网一次接线图

3. 主要举措

一是选择电气工业品城内电气城1号变压器与附近光伏安装较多的居民小区安置小区2号变压器建立低压柔性互联装置，通过低压互联装置实现安置小区2号变压器倒送光伏的就地消纳，实现两个台区间的功率均衡。

二是依托电气城1号变压器与安置小区2号变压器两个台区间的低压柔性互联装置，引出750V直流母线，构建包含分布式储能系统与充电桩、光伏的"光储柔直"高效直流微网，直流母线传输功率最大为200千瓦，储能系统包含2簇25千瓦·时电池，25千瓦电池簇平台电压350V，充放电电压范围250～450V。25千瓦·时电池簇经过1台高压箱后接入1台50千伏安储能DC/DC（直流/直流）变流器。变流器和电池系统为国内规格化产品，满足国标规定的100毫秒内+90%～-90%功率转换性能，可以支持尖峰负荷暂态需求。充电桩最大输出功率需求为240千瓦，直流传输最大200千瓦。

4. 建设成效

一是依托微电网中的分布式储能装置，通过单点控制对局部电网进行调节支援，发挥储能的削峰填谷、需求响应作用，保障了区域电网的稳定性；二是当一侧线路主动检修时，调整微网与该台区互动功率，使台区负荷由柔性互联装置转供，实现不停电检修，2023 年微电网范围内供电可靠率提升至 100%；三是通过电力电子器件的控制，利用储能冗余容量实现无功调节，实现对电网运行的精准优化，保障了园区内的电能质量。

七、可靠性数字化管理示范

电力可靠性数字化管理转型，是利用智能传感、大数据、人工智能等新技术，实现电力可靠性数据统计分析自动化，实现电力可靠性全过程精益化管理，支撑新能源消纳与调节，提升供电可靠性。下面以国网江苏泰州供电公司、南网广东佛山高明供电局全域数字化智慧能源示范区建设进行介绍。

（一）国网泰州供电公司可靠性管理微应用示范建设

1．基本情况

国网泰州供电公司供电区域 5787 平方千米，拥有电力用户 289 万户，为源头提升供电可靠性数据质量，按坚持"数据唯真唯实、结果精准可信"原则，推进了供电可靠性管理微应用示范。

2．技术路线

依托电网资源业务中台链接贯通调度自动化、配电自动化、用电信息采集等各业务系统中台账、运行、作业和量测类数据，通过多源停电信息实时采集与停电事件的自动研判，实现供电可靠性精益管理水平提升。

3．主要举措

一是自动生成可靠性基础数据。坚持同源维护原则，实时获取电网资源业务中台变电站、线路、配电变压器等设备档案台账，动态监测台账异动变化情况，自动生成供电可靠性中压用户档案，解决人工维护档案易发生数据不一致、更新不及时等问题，实现停电事件自动匹配到户。根据供电可靠性中压线路分段原则，结合同源维护初步线路分段成果和配电网拓扑数据，实现中压线路自动分段和图形化展示，解决原有人工分段工作量大、线段数据不随图模更新等问题。

二是自动研判与补全多源停电事件。基于实时量测中心与业务中台，汇集线路开关变位、配电变压器停复电、终端负荷等量测信号与检修计划、抢修工单等业务信息，自动生成停电事件，根据用户台账、线路拓扑综合研判，智能分析停电线段、停电用户，自动校核停电范围、自动补全停电用户，减少人工录入时易漏报、误报情况。

三是提升供电可靠性数据自动统计能力。综合运用大数据技术、原子服务算法、任务池异步计算等方式，提升海量供电可靠性数据统计性能，实现停电区域、时间、原因等多维度、全类型供电可靠性指标配置化统计，自动生成供电可靠性日常管理报表报告，解决海量数据下指标统计慢、统计分析难的问题。

四是实时全景展示可靠性管控动态。基于电网一张图，实时展现供电可靠性指标总体情况、变化趋势，跟踪监测频繁停电、超千户停电、超长时间停电等异常情况，精确定位停电影响范围，实现供电可靠性多维度、可视化动态管控，解决原有供电可靠性表单式管理的全局性、联动性、直观性不强问题，协助管理人员快速掌握管理现状，辅助分析决策。

4. 建设成效

国网泰州供电公司通过可靠性管理微应用示范建设，有力确保数据质量唯真唯实，促进了可靠性统计分析精准化，为可靠性相关业务提升提供有效支撑，2023 年，用户平均停电户数同比降低 42.07%，故障平均停电持续时间同比下降 39.75%，计划停电时户数下降 41.30%。

（二）佛山高明全域数字化智慧能源示范区建设

1. 基本情况

高明区地处广东省中部、佛山市西翼，是珠三角核心区辐射粤中西部的桥头堡，借助"东靠西连"卓越的区位优势，因地制宜规划建设全域数字化智慧能源高可靠性示范区，打造成以数字电网为支撑平台，具备多能协同互补、源网荷储互动、用能需求智控功能，具有绿色高效、柔性开放、数字赋能、高可靠性、高供电质量基本特征的新型配电网。

2. 技术路线

佛山高明全域数字化智慧能源示范区建设以"可观、可测、可控、科学灵活"为原则，开展设备智能升级与智能电能表全量接入，打造中低压全链路智能感知。一是基于中低压电力大数据的深度开发与应用，实现新能源并网后全方位、全过程监测与闭环管控；二是针对大工业冲击性负荷、分布式新电源等各类特殊负荷的大规模接入导致电能质量问题，开展柔性多状态开关项目研究及示范，提高了配电网分布式电源消纳能力，又保证了高可靠性和高供电质量；三是以新能源接入为契机构建"变压器＋分布式光伏＋电池储能＋充电桩"一体化新型电力系统替代常规配电网网架，作为偏远地区大分支线路的第二电源，持续提升供电可靠性。

3. 主要举措

一是持续优化全域自愈配电网建设。以供电可靠性为总抓手，持续优化高明区配电网网架与自愈建设，不断提升高明区重点区域电网自动化水平和灵活调度能力，建成主站自愈友好型网架，并满足新增负荷及新能源接入需求。

二是打造全域低压用户透明化生态体系。以"物理透明化、运行透明化、管理透明化"三个透明化为落脚点，推广低压拓扑分析、智能配电房、数字平台、数字化运维等业务应用，实现高明区全域用户的"站—线—变—户"精准定位、拓扑识别，以及各种数据的智能监控及分析输出，打通数字配电网的"最后一米"。

三是打造新能源配电网管控系统。基于电力大数据的深度开发与应用，构建新型配电网管控系统，实现"新能源影响多维度揭示、新能源出力可观可测、新能源上网点电能质量全面管控、新能源运行多维经济性评价、新能源接入全透明化呈现"，解决大量新能源接入给电网带来的多端网络、供电安全以及电力调度等问题。截至 2023 年 12 月，系统可智能测算高明区内 773 户、236.09 兆瓦分布式光伏实时出力及长中短期出力预测，解决了海量低压分布式光伏实时出力测算的行业难题。

四是推进智能配电柔性多状态开关关键技术应用。针对分布式电源、工业冲击负荷大规模接入导致电能质量治理问题，利用智能配电柔性多状态开关技术，实现配电网区域协调、故障快速定位及隔离，实现配电网智能化调度控制，并在此基础上进一步降低网损、平衡线路负荷、提高供电可靠性、促进分布式电源消纳。

五是建设基于公用变压器＋"分布式光伏＋电池储能"微电网。高明更合镇版村供电半径超过 11 千米，在此建设了 1 台 800 千伏安箱式变电站、1130 千瓦·时磷酸铁锂电池储能、峰值功率 19.8 千瓦的车棚光伏和 4 个充电桩，相比传统网架建设减少资金投入约 1200 万元且项目的峰值功率 19.8 千瓦的车棚光伏发电，年利用数估算 1080 小时，平均每年发电 2.1 万千瓦·时，可以有效实现补充完善网架、应急备用电源、光伏绿色发电、稳定电压等作用，并通过主站就地协同型故障自愈配置，极大提升供电可靠。

六是建立终端绿色用电生态。开展电动汽车、电窑炉、电锅炉、电蓄冷、热泵、电磁厨房等电能替代项目推广，并按照"需求响应优先、有序用电保底"的原则，联动政府、大工业用户，搭建可调节负荷调控聚合管理平台，实时查看用户基础信息、调节能力、基线负荷、历史负荷等信息，保障用户电力供应，促进源网荷储友好互动，打造绿色共赢用电生态。

4. 建设成效

建成佛山高明全域数字化智慧能源示范区。通过打造高明区全域自愈配电网，2023 年高明区 383 回 10 千伏公用线路自动化覆盖率 100%，公用线路自愈达到 100%，自愈及不停电作业有效减少停电时间 0.33 小时/户，实现多供电量 35.8 万千瓦·时，全年低压停电时间 0.24 小时/户，同比下降 20%，首度进入停电时间"15 分钟"区间，达到国际先进水平。通过建立全域分布式光伏智慧监测，在新能源并网、预测、调控、平衡、市场、管理模式等方面形成标杆标准、制度和流程。通过智能配电柔性多状态开关技术研发及示范应用，解决分布式电源、工业冲击负荷等电能质量问题，进一步满足区域用户对高电能质量和高供电可靠性的定制化电力需求。

八、新能源发电场站可靠运行示范建设

新能源发电具有较强的波动性，装机容量和发电量占比越来越高，其可靠运行对整个电力系统安全稳定运行具有重要意义。下面以中国华电新能源智慧管理平台应用示范为例建设进行经验介绍。

1. 基本情况

中国华电新能源智慧生产管理平台涵盖集团级统一数据平台以及 3 个区域级一体化管理平台，于 2023 年 12 月 15 日在内蒙古、福建和陕西 3 个试点区域和电科院侧同步上线运行，3 个区域接入总装机容量 675.61 万千瓦，其中风（光）电场站 49 个、装机容量 562.45 万千瓦，光伏场站 45 个、装机容量 112.16 万千瓦，储能电站 1 个、装机 1.0 万千瓦。

2. 技术路线

平台采用"集团＋区域＋场站"三层部署方式，构建基于统一数据规范的平台架构，建立了集团－区域上下联动的分级诊断技术架构。应用多能互补能源系统一体化集成设计与智能运行、大规模新能源发电并网及主动支撑、高精度多时空尺度集中发电预测及交易决策等技术，与成熟先进的工业互联网相关技术结合，解决多类设备接入、多源数据集成、多应用部署、海量数据管理与处理等问题。开发远程集控、诊断预警、智能分析、安全管控、生产管理等业务功能应用，打造低成本感知的边缘场站层、高效完备的基础资源层、自主共享的平台层、智能互联的应用层和丰富的人机交互界面，实现新能源生产管控数字化和智能化。

3. 主要举措

一是"远程集控"增强运行调度能力。应用信息化、智能化技术，搭建数字化监控和管理平台，在区域层面实现新能源场站远程集控、优化调度、功率预测、多能互补、应急协调、辅助交易等业务一体化整合，促进发电运行与市场经营有效融合协同，增强集约管控与价值创造能力。

二是"分级诊断"强化技术支撑保障。实行"集团、区域"分级诊断管理，主要运用大数据、人工智能等新兴数字技术，对新能源设备的运行状态进行即时监测和趋势分析，开展对标评价、诊断预警、可靠性分析等工作，为新能源生产管理、运行维护、设备治理、能效提升等提供全面系统的决策依据。

三是"片区维护"培育核心技术力量。全面推行片区管理，做实片区运维责任，充分发挥资源整合优势，综合考虑场站规模、数量、距离等因素，设置运维片区，对区域内多个分散场站集中统一管理，实行"片区集中运维，场站无人值班、无人值守"模式，推进管理单元由场站向片区升级。

四是"专业检修"提高设备管理水平。推进新能源场站检修自主和外委相结合的检修模

式落地，提升检修管理专业化水平，大力推行以安全质量为目标的检修外委长协制，强化检修队伍资质管理、检修过程专业化监督、外委队伍检修服务质量评价和退出机制等。

4. 建设成效

中国华电新能源智慧生产管理平台的建成，主动适应了构建新型电力系统要求，取得了边缘一体机、螺栓轴力测量系统等多项自主科研成果，实现了集控、分级诊断、智能检修、数字技术监督、运行管理、两票、设备资产、移动 App 功能应用和相关功能的深度融合，支撑了新能源生产管控向"远程集控、分级诊断、片区维护、专业检修"转变，提高了新能源设备的可靠性管理水平，全面践行央企绿色低碳战略部署，展现了华电风采。

九、水电梯级调度示范建设

水电企业积极践行习近平总书记"节水优先、空间均衡、系统治理、两手发力"的新时代治水方针，始终秉承"用好每一方水，调好每一度电"的工作理念，积极建设梯级水库联合调度能力，科学开展梯级水库调度，有效保障了流域防洪、航运、补水和生态安全，为我国经济社会绿色发展提供了强劲动能。下面以中国三峡长江为例介绍梯级水库联合调度能力建设与实践。

1. 基本情况

三峡集团所属乌东德、白鹤滩、溪洛渡、向家坝、三峡、葛洲坝 6 座梯级电站构成了世界最大清洁能源走廊，河道距离 1600 余千米，自上而下组成长江干流流域梯级六座水库，总装机 7169.5 万千瓦。梯级六库具有流域特性复杂、综合利用任务多、调度诉求矛盾显著、调度机构跨区跨网跨行业、调度协调难度大等特点。针对这些特点，三峡集团开展了长江干流梯级六座水库联合调度实践。

2. 技术路线

结合不同水库来水和调节能力，通过合理制订梯级六座电站的汛前联合消落、汛期科学防洪和汛后优化蓄水策略，建设梯级水库联合调度核心能力，通过建设水文预报、气象预报、水雨情遥测、水调自动化、电调自动化、决策支撑等系统，不断提升信息收集与处理、水文气象预测预报、梯级水库联合调度、调度系统支撑能力，实现梯级水库优化调度，如图 5-6 所示。

3. 主要举措

自主开发建设了以水情遥测系统、水文气象预报系统、水库调度自动化系统、决策支持系统、自动化和通信系统为代表的全业务链专业支撑体系，实现了调度自动化系统从单库到六库的跨越式提升，加强与水利、电网调度沟通协调，动态优化梯级水库运行，有力支撑了世界最大的清洁能源走调度运行。

图 5-6　核心系统支撑能力

一是建设水雨情遥测系统。实时采集分析 1600 多个水雨情站点和近 20000 多个气象站信息，实现 10 分钟内流域水雨情信息收集和监控，实现对长江上游 100 万平方千米水雨情的有效监控、长江中下游干流重点防洪保护区域水雨情信息的实时掌握、其他受电区域水雨情资料的一般性收集。

二是建设水文气象预报系统。涵盖智能网格数值预报系统、欧洲精细预报、日本数值预报、美国数值预报等先进技术，水文气象预测预报产品丰富，预见期长、精度高，预报精度行业领先。

三是建设了决策支撑等系统。通过数据挖掘等方法定量模拟长江上游洪水传播规律及梯级水库调蓄过程，分析上游水库调蓄对六座梯级水库运行影响，实现了多模型多套联合调度方案对比决策，为适应电力市场化改革，科学编制梯级水库消落期、汛期、蓄水期等长中短期调度方案提供支撑。

四是建立调度沟通协调机制。围绕水资源高效利用，加强与水利、电力等调度机构就水库调度运行沟通协调，动态优化梯级水库调度策略，充分发挥梯级水库防洪、航运、补水和生态综合效益。

4. 取得成效

2023 年，面对梯级水库年初存水少、来水连续枯、保供任务重、综合需求多等各种因素交织的复杂调度形势，高效开展梯级水库联合调度，确保了长江流域防洪、航运、补水和生态安全，枯期梯级水库补水分别增加向家坝及葛洲坝下游航道水深 1.17、0.77m，有效提高了川江及荆江航道的行船能力，三峡船闸全年累计过闸货运量达 1.68 亿吨，三峡升船机累计过机货运量达 369 万吨，向家坝升船机累计过机货运量达 195 万吨，均创历史新高。在三峡水库两次促进产漂流性卵鱼类繁殖生态调度期间，宜都断面总产卵规模约 310 亿粒，创历史之最。梯级水库消落期累计向下游补水超 242 亿立方米，创历史新高；充分发挥水资源调节"稳定器"和能源保供"主力军""压舱石"的作用，有效支撑高峰时段电力系统负荷调节，保障重点时段、关键时期电力安全稳定供应，有力支撑了电力系统安全稳定运行，全年未出现弃水损失，水能利用率100%，水资源综合利用率99.73%，累计发电量2762.6亿千瓦·时，创历史新高。其中全国"两会"、成都大运会、杭州亚运会、上海进博会、节假日以及迎峰度夏、冬季寒潮保电等保供电期间梯级电站最大日电量达14.68亿千瓦·时，调峰量达3379万千瓦。

十、电力系统可靠性评价指标体系建设

2023年，南方电网在国家能源局的统一部署下，牵头对电力系统可靠性课题进行了深化研究和试点工作，探索开展了电力系统可靠性评价指标体系建设与应用。

1．技术路线

南方电网以《电力系统安全稳定导则》及相关国家标准和行业标准为基础，充分借鉴北美等地区电力系统可靠性管理经验，分析总结在技术标准、管理体系、支撑体系等方面的成熟做法，结合我国电力系统实际特点，建立符合我国国情、网情的电力系统可靠性评价指标体系，为电力系统可靠性工作的开展奠定基础。

2．主要举措

一是加强汇报沟通，确保电力系统可靠性课题研究质量。2023年8月，国家能源局下发《国家能源局关于加强电力可靠性数据治理深化可靠性数据应用发展的通知》（国能发安全〔2023〕58号），明确要求"建立电力系统可靠性评价体系，明确指标计算方法、数据来源、报送机制"。南方电网多次赴能源局汇报，基本建立系统可靠性评价指标体系，探索评价结果应用机制，建立与电网规划、系统运行、设备运维等专业的衔接。

二是建立电力系统可靠性指标体系，基于"简单可比，实用性强"、"立足当下，适度超前"和"主体清晰，协同各方"的设计原则，从充裕性和安全性两个方面，基于事前—事中—事后的管理思想，建立了可靠性预测（事前）、可靠性评估（事中）和可靠性评价（事后）的电力系统可靠性指标体系，如图5-7所示。

图5-7 基于事前—事中—事后的电力系统可靠性评价指标体系

三是做好电力系统可靠性试点。2023 年 6 月起，南方电网在国家能源局的统一部署下，组织云南电网公司、深圳供电局开展了电力系统可靠性评价体系建设试点。两家单位通过建立涵盖相关专业、高层次人才专家团队联合工作组，全力推进试点工作。

3. 建设成效

初步提出了适用于我国的电力系统可靠性评价指标体系，形成了电力系统可靠性指标共 31 项，17 项纳入应用。云南电网公司和深圳供电局完成了指标体系专家评审，并基本完成信息管理系统开发，实现指标在线数据采集、离线数据录入、自动统计计算、信息展示等功能。

第六章

电　能　质　量

第一节　基　本　情　况

2023 年，国家发展改革委发布了《电能质量管理办法（暂行）》（国家发展和改革委员会令第 8 号）（以下简称《电能质量办法》），2024 年 4 月 1 日起正式实施。《电能质量办法》围绕优化电力营商环境，支撑电力系统的安全、稳定、优质、经济运行，本着"标准指引、预防为主、综合治理"的原则，系统性完善了电能质量管理体系，强化了电能质量管理顶层设计，拓展了电能质量管理的外延、丰富了其内涵，进一步强调了保障电力系统电能质量是发电企业、电网企业、电力用户的共同责任。《电能质量办法》的颁布实施，将有力推动我国电能质量管理工作迈上新台阶。

2023 年，全国主要电网企业强化供电电压与电能质量监测和治理工作，持续提升供电质量。2023 年共设置供电电压监测点 33.97 万个，同比增加 4.00%，进一步加强了各等级电网的电压监测能力。全国 35 个省级区域中，电压合格率指标总体维持在较高水平，有 15 个省级区域的城市综合电压合格率达到四个九以上，约 18% 的省级区域城市综合电压合格率同比提升；有 4 个省级区域的农村综合电压合格率达到四个九以上，约 53% 的省级区域农村综合电压合格率同比提升。全国主要电网企业继续推进电能质量监测管理，共设置电能质量监测点 2.01 万个，同比增加 16.18%。各电网企业加大电能质量干扰源监测力度，加强与用户沟通协调，共同推动电能质量问题治理，根据电能质量监测（普测）指标情况，主要干扰源用户造成的电能质量问题总体未产生较大影响。

2023 年，《电能质量　术语》（GB/T 32507—2016）、《电能质量　电压暂升、电压暂降与短时中断》（GB/T 30137—2013）、《电能质量监测设备通用要求》（GB/T 19862—2016）等 3 部国家标准启动修订工作，三个标准分别对电能质量术语定义，电能质量暂态指标及测试、统计和评估方法，监测设备的性能指标、技术参数等进行了补充和完善，为顺应新型电力系统下我国电能质量技术变革，促进我国电能质量管理水平提升提供了重要的标准支撑。

2023 年，中国电力企业联合会积极推动行业电能质量管理工作深入开展，配合国家发展改革委和国家能源局，组织完成了《电能质量办法》（修订建议稿）编制工作，发挥了专业智库作用，为政府决策提供了有效支撑；组织专业技术交流，联合电力行业电能质量及柔性输电标委会在福建厦门成功举办"2023 年电力行业电能质量发展论坛暨第九届电能质量及柔性输电技术研讨会"，展示和交流了"双碳"目标下电能质量专业领域创新发展和科技成果推广应用；组织开展标准体系框架研究，提出完善电能质量标准体系框架和标准制修订建议，为后续电能质量技术标准的制（修）定提供了重要参考；积极推动并实现供电电压统计指标纳入国家统计局最新修订的《电力行业统计调查制度》，为行业开展电压信息统计工作提供了制度保障；组织职业技能评价标准《电力行业职业技能标准 电能质量管理员》立项和标准制定工作，积极开展电能质量国家新职业申报，为规范电能质量从业人员技能要求和人才队伍建设打下了坚实的基础。

第二节 电 压 监 测

一、电压监测点设置情况

国内主要电网企业持续推进电压监测能力建设，进一步扩大监测点的覆盖面，共设置供电电压监测点 33.97 万个，同比增加 4.00%。其中，A 类电压监测点 8.55 万个，同比增加 3.79%；B 类电压监测点 2.52 万个，同比增加 10.06%；C 类电压监测点 6.64 万个，同比增加 5.15%；D 类电压监测点 16.26 万个，同比增加 2.76%。各类电网电压监测点数量均平稳增长，进一步加强了各等级电网的电压监测能力。各单位基于全网供电电压监测系统开展监测点数据自动采集，统计并定期发布供电电压相关指标数据。各电网企业电压监测点设置数量见表 6-1，各省级区域电压监测点设置数量见表 6-2。

表 6-1　　　　　　　　　各电网企业电压监测点设置数量（个）

2023 年	A 类		B 类		C 类		D 类		合计	
	点数	同比	点数	同比	点数	同比	点数	同比	点数	同比
国家电网	69422	3.91%	22960	11,14%	59173	5.60%	138666	3.11%	290221	4.40%
南方电网	14298	3.11%	1799	0.50%	6727	1.14%	21281	0.33%	44105	1.35%
内蒙古电力集团	1764	4.94%	415	−2.35%	540	8.22%	2652	4.91%	5371	4.64%
合计	85484	3.79%	25174	10.06%	66440	5.15%	162599	2.76%	339697	4.00%

注　2023 年电压监测点数数据中，国家电网点数含原陕西地电点数，南方电网点数含原广西水利水电点数。

表 6-2　　　　　　　　　　各省级区域电压监测点设置数量（个）

省级区域	A 类	B 类	C 类	D 类	合计
北京	1877	229	1181	2130	5417
天津	1413	665	901	1532	4511
河北	1636	125	2970	9274	14005
冀北	2154	1034	2797	2412	8394
山西	2274	1397	2531	4250	10452
山东	7073	2527	4883	11704	26187
上海	2924	2012	3548	3092	11576
江苏	6936	2000	5693	15030	29659
浙江	5204	1128	5264	8950	20546
安徽	4131	1851	3771	6980	16733
福建	3318	626	1947	4573	10464
湖北	3180	565	3523	7462	14730
湖南	3041	1006	3671	6880	14598
河南	4005	626	1562	11700	17893
江西	2434	789	1038	5330	9591
四川	2774	1573	2476	7152	13975
重庆	1876	511	1858	3786	8031
辽宁	2782	570	2762	4282	10396
吉林	1488	195	1234	3212	6129
黑龙江	1661	402	1107	3638	6808
蒙东	876	301	228	1504	2909
陕西（不含陕西南区）	998	473	543	1826	3840
陕西南区	764	70	269	2859	3962
甘肃	1294	692	1159	3605	6750
青海	511	174	253	738	1676
宁夏	610	230	247	775	1862
新疆	2000	1009	1659	2760	7428
西藏	188	180	98	1230	1696
广东（不含深圳）	6074	484	4142	7614	18314
广西（含新电力）	2756	436	617	4545	8354
云南	2662	557	472	4587	8278
贵州	1414	224	347	3363	5348
海南	429	45	132	644	1250
深圳	963	53	1017	528	2561
蒙西地区	1764	415	540	2652	5371
总计	85484	25174	66440	162599	339694

二、供电电压指标分析

电压合格率是衡量供电质量的重要指标，2023 年全国 35 个省级区域综合电压合格率指标总体保持平稳，除陕西南区、西藏之外，其他省级区域的城乡综合电压合格率均达到 99.7% 以上；15 个省级区域的城市综合电压合格率达到"四个九"，4 个省级区域的农村综合电压合格率达到"四个九"，城乡供电电压质量还存在一定差距。18 个主要城市中，有 6 个城市的城市综合电压合格率达到了"五个九"，16 个城市的城市综合电压合格率达到"四个九"，11 个城市的农村综合电压合格率达到"四个九"，主要城市的供电电压质量维持在较高水平。

2023 年，主要电网企业高度重视供电电压管理，以保障电压质量为目标，持续加强电压监测及运行维护，加强问题治理，不断提升电压质量水平。国家电网针对高电缆化率台区容性无功过剩影响供电电压的问题，根据变电站负荷特性，采用"一站一案"差异化方法优化无功补偿配置策略，加强无功精细化管理，确保母线电压运行质量，全面保障用户电压水平。南方电网通过健全完善电压质量监测体系和管理工作机制，加大低电压问题监控力度，加强电压监测数据分析应用，强化电压监测技术管理培训，提升电压问题分析治理能力。内蒙古电力深化电压合格率指标分析，建立电压合格率指标季度分析制度，加强中压母线"逆调压"管理，持续开展低电压专项治理，全年共完成 232 项低电压问题治理工作。2023 年全国省级区域及部分主要城市综合电压合格率见表 6-3。

表 6-3　　　　　　　　2023 年全国省级区域及部分主要城市综合电压合格率表

省级区域/城市	综合电压合格率（%）			省级区域/城市	综合电压合格率（%）		
	城市	农村	城乡		城市	农村	城乡
一、省级区域							
北京	99.994	99.950	99.978	吉林	99.931	99.633	99.790
天津	99.994	99.993	99.993	黑龙江	99.951	99.602	99.828
河北	99.986	99.842	99.892	蒙东	99.991	99.790	99.834
冀北	99.987	99.864	99.896	陕西（不含陕西南区）	99.955	99.802	99.899
山西	99.991	99.859	99.899	陕西南区	99.221	98.559	98.691
山东	99.983	99.875	99.921	甘肃	99.991	99.786	99.854
上海	99.998	99.997	99.998	青海	99.992	99.799	99.850
江苏	99.996	99.993	99.995	宁夏	99.994	99.792	99.898
浙江	99.988	99.890	99.928	新疆	99.814	99.68	99.726
安徽	99.975	99.844	99.904	西藏	98.501	98.818	98.562
福建	99.995	99.886	99.933	广东（不含深圳）	99.998	99.998	99.998

续表

省级区域/城市	综合电压合格率（%）			省级区域/城市	综合电压合格率（%）		
	城市	农村	城乡		城市	农村	城乡
湖北	99.994	99.858	99.902	广西（含新电力）	99.808	99.727	99.750
湖南	99.994	99.856	99.892	云南	99.863	99.734	99.772
河南	99.994	99.844	99.886	贵州	99.785	99.574	99.740
江西	99.974	99.869	99.885	海南	99.928	99.941	99.938
四川	99.941	99.849	99.888	深圳	99.999	/	99.999
重庆	99.977	99.822	99.899	蒙西地区	99.900	99.730	99.810
辽宁	99.994	99.855	99.902				
二、部分主要城市							
北京	99.994	99.95	99.978	厦门	99.999	99.992	99.999
天津	99.994	99.993	99.993	长沙	99.997	99.842	99.914
上海	99.99	99.991	99.991	郑州	99.997	99.922	99.960
重庆	99.977	99.822	99.899	青岛	99.990	99.991	99.991
南京	99.998	99.998	99.998	无锡	99.998	99.996	99.997
杭州	99.998	99.998	99.998	广州	100.000	99.999	100.000
苏州	99.999	99.997	99.998	深圳	99.999	/	99.999
武汉	99.995	99.825	99.932	东莞	99.999	99.999	99.999
成都	99.954	99.885	99.921	佛山	99.999	99.999	99.999

第三节　电能质量监测

一、电能质量监测点设置情况

各主要电网企业为全面掌握电网电能质量水平，明确干扰源用户对电网电能质量造成的影响，通过电能质量监测系统建设，在所属的变电站为干扰源供电的母线和出线上，设置了电能质量监测点，及时排查发现电能质量问题。截至2023年底，共设置电能质量监测点2.01万个，进一步扩大监测点的覆盖面。其中，电网变电站监测点12056个，电气化铁路监测点

2098 个、风电场监测点 739 个、光伏电站监测点 1116 个、冶炼负荷监测点 1284 个，其他类别监测点 2821 个。目前，电能质量监测总量仍相对较少，监测数据采集难度大，各电网公司根据工作实际情况主要利用监测信息支撑科研数据分析。各电网企业电能质量监测点设置数量见表 6-4。

表 6-4 各电网企业电能质量监测点设置数量（个）

	电网变电站	电气化铁路	风电场	光伏电站	冶炼负荷	其他	合计
国家电网	5033	1704	530	826	1076	2412	11581
南方电网	6838	307	150	215	169	406	8085
内蒙古电力集团	185	87	59	75	39	3	448
合计	12056	2098	739	1116	1284	2821	20114

二、电能质量监测（普测）指标分析

根据各主要电网企业电能质量监测（普测）指标统计数据，电气化铁路、风电场、光伏电站、冶炼负荷等干扰源存在不同程度电能质量指标超标情况，但总体未产生较大影响。从指标维度看，谐波电压、谐波电流、电压不平衡度、电压闪变等四类指标的超标占比分别为 17.7%、24.7%、18.7%、32.2%；从干扰源类型看，四类干扰源的超标占比分别为 24.1%、19.2%、24.6%、23.4%，风电场的超标统计结果相对要低一些。

2023 年，各主要电网企业持续开展电能质量指标监测（普测）工作，利用监测（普测）电能质量指标的海量数据，实现网内数据共享和超标现象分析，指导开展电网电能质量评估、分析、治理等工作。国家电网积极联络电铁、地铁等轨道交通用户，通过会谈协商、技术服务等方式，探索轨道交通电能质量问题的"破冰"管理新模式，并对机车频谱可信度低影响评估准确性的问题，通过跨省实现机车运行实测频谱数据共享，为评估计算分析及治理容量配置提供依据，得到了用户的认可。南方电网通过开展谐波源用户测试评估，推动实施定制化治理方案设计，在设备安装与运维时提供科学、及时、有效的人员培训、检验检测、安装改造、日常运维代管等服务，加强用户侧并网点电能质量监测，定期开展谐波专项测试等方式加强电能质量管理，保障电网电能质量水平。内蒙古电力通过"技术监督和监测管理"双重手段不断加强新能源用户电能质量控制管理，在新能源用户入网前开展电能质量评估工作把控其电能质量问题；在入网后开展电能质量现场测试、动态无功调节设备的性能测试等试验，并配套电能质量监测设备，加强电能质量问题的管控。主要干扰源造成电能质量指标超标情况见表 6-5。

表6-5 主要干扰源电能质量指标超标情况

企业单位	指标	电气化铁路			风电场			光伏电站			冶炼负荷		
		监测点数	超标点数	超标占比	监测点数	超标点数	超标占比	监测点数	超标点数	超标比	监测点数	超标点数	超标占比
国家电网	谐波电压	1704	330	19.37%	530	108	20.38%	826	141	17.07%	1076	188	17.47%
	谐波电流		552	32.39%		139	26.22%		152	18.40%		267	24.81%
	电压不平衡度		361	21.19%		90	16.98%		216	26.15%		228	21.19%
	电压闪变		577	33.86%		156	29.43%		336	40.68%		456	42.37%
南方电网	谐波电压	269	44	16.36%	124	6	4.84%	91	23	25.27%	161	12	7.45%
	谐波电流		29	10.78%		11	8.87%		19	20.88%		21	13.04%
	电压不平衡度		3	1.12%		4	3.23%		4	4.40%		1	0.62%
	电压闪变		12	4.46%		3	2.42%		16	17.58%		7	4.35%
内蒙古电力集团	谐波电压	8	0	0%	25	3	12%	10	2	20%	36	3	8.3%
	谐波电流		1	12.5%		2	8%		2	20%		5	13.8%
	电压不平衡度		1	12.5%		0	0%		0	0%		2	5.5%
	闪变		1	12.5%		0	0%		1	10%		2	5.5%

注 超标占比是指某类型干扰源监测（普测）某项指标超标的监测（普测）点数与监测（普测）的该类型干扰源总点数之比。

第四节 电能质量综合控制

一、供电电压控制情况

近年来，电网公司始终坚持"不限电、少停电、用好电"的服务理念，确保综合电压合格率总体保持在较高水平，针对局部地区电网仍存在不同情况的供电电压问题，电网公司不断提升电压质量精益化管理水平与电压问题分析治理能力，全面提高用户电压合格率水平。

（一）电网变电站供电电压控制情况

电网变电站供电电压控制是电力系统中非常重要的一环，它直接关系电网的稳定运行和用户的用电质量。目前，电网公司主要通过合理调节变压器变比、投切无功补偿、优化AVC

策略、调整电网运行方式等多种电压控制方法和技术手段，确保电网的稳定运行和用户的用电质量，为电力系统的安全稳定运行提供更加有力的保障。

专栏 6-1

电网变电站供电电压控制典型案例

国网南京供电公司针对地区负荷波动较大导致电压越限的情况，传统的电压调压策略难以满足精细化电压调节的要求，易出现变电站低压母线电压短时越限、无功潮流分布不经济等问题，深化季节性负荷差异化管控，根据各变电站负荷特点，采用"一站一案"方法优化 AVC 控制策略。综合分析不同区域各季节、各时段的负荷变化规律，统筹考虑春秋和夏冬季节温度对负荷的影响、居民生活用电规律、峰谷电价对工业和民用负荷的影响，将常规日负荷波动情况分为五个峰谷进行差异化管理。对 220 千伏及以下变电站按照电压等级逐级设置，差异化制订不同季节、不同时段的变电站电压和主变压器功率因数管控要求，设置主变压器和电容器降序分时动作策略，确保母线电压运行质量，全面提高用户电压合格率水平。

南方电网深圳供电局采用多种优化措施控制系统无功电压。春运及春节假期期间深圳电网负荷偏低，仅为夏季高峰负荷的 1/5 左右，电缆容性效应凸显。此外，由于电抗器停运导致变电站 110、10 千伏侧调压手段不足，凌晨时间运行电压偏高，10 千伏出现电压报警。为减小电抗器无法使用感性无功减少导致系统电压升高问题，深圳供电局深挖感性无功资源，采用临近电厂调出深度进相运行、将片区内动态无功 SVG 由恒电压模式调整为恒无功模式、投入临近站点的电抗器等多种优化措施控制系统无功电压。采用上述系统措施后，变电站 10 千伏侧运行电压偏高情况得到控制，春节假期期间电压未出现越限情况。

内蒙古电力集团包头供电公司优化 AVC 控制策略，通过改变电压限值，合理提高新能源的无功输出；利用 AVC 自动电压控制系统提高地区电网电压合格率；通过方式计算，合理确定用户功率因数以满足电网电压调控要求；调整用户侧 SVG 策略由恒功率改为固定值，增加无功补偿装置，解决区域电网内个别站点负荷大导致片区 500 千伏电压低的问题；同时，根据各季度电网负荷及电压运行情况，制订了各站季度电压曲线，按季度要求及时更新 AVC 系统电压上下限值；由于高压侧母线电压整体运行稳定，目前系统设置母线优先级顺序均为低压母线、高压母线；对灵敏度数值进行微调，各站无功设备投退更加合理，缓解了无功倒送造成的电压越限问题，综合电压合格率同比提升 0.02%。

（二）输配线路电压控制情况

各地区电网网架结构差异较大，部分地区电缆化率高、供电半径小、负载率低，而部分地区供电线路过长、线径较小、线损大、负荷季节性波动较大，造成了线路后端电压越限等问题，形成了用电瓶颈。针对这些问题，电网公司通过协同调度运行、无功设备调控及用户侧设备运维管理等措施对输配线路电压质量问题进行有效治理。

专栏 6-2

输配线路供电电压控制典型案例

国网天津市电力公司采用分层分级无功补偿，解决高电缆化率电网无功倒送问题。天津城区电网电源点布置密集，较多采用电缆线路，供电区域出现负载率低、供电半径短、电缆化率高等特征，并由此产生用户侧供电电压高和无功倒送等问题。国网天津市电力公司采用分层分级无功补偿策略，以无功关口和无功设备运行数据为依据，针对高电缆化率供电区域无功倒送、线路末端电压过高等问题，在中压电网层级变电站中改造感性无功补偿设备，在中压电网实现感性、容性的灵活补偿，根据无功需求投入相应的无功容量；配电网层级实施精准的配电台区无功设备管理，在容性负荷过剩区域，与上一级配合改造感性无功设备，实现感性无功就地补偿，同时借助融合终端的优势，实现配电台区无功设备的智能化管理，解决无功倒送和线路末端供电电压过高问题。

内蒙古电力集团鄂尔多斯供电公司及时调整无功补偿装置，缓解低电压问题。公司及时应对当地农灌负荷激增问题，用时三天实施电容器移位，将 35 千伏官井变电站 1 组电容器以及 11 台配电电容器，共计 6057kVar 容量电容器安装在该地区农灌高负荷线路及 35 千伏变电站，有效缓解农灌高峰时低电压问题。精准分析农灌负荷电压调控需求，优化 28 座厂站 AVC 调压策略，确保电压稳定，强化各等级电压监视调整，采用"人工+AVC"相结合的调压模式开展调压工作，累计电容器总动作次数 23110 次（AVC 动作 15320 次）、主变压器挡位总动作次数 104140 次（AVC 动作 69900 次），保证各级电压质量合格。综合电压合格率同比提升 0.06%。

（三）台区供电电压控制情况

随着分布式光伏的大量接入，以及储能、电动汽车充电桩等新型负荷快速发展，导致台区侧出现电压波动和闪变、谐波、无功波动较大等问题，电网公司在精准定位问题原因的基础上，综合采用传统电压调控措施与新技术方法相结合，治理台区供电电压问题。

专栏 6-3

台区供电电压控制典型案例

国网山东省电力公司"红村"接入"绿电",解决光伏高电压问题。山东临沭县朱村是远近闻名的"支前模范村"和"中国红村",目前朱村年最大用电量已超 250 万千瓦·时。国网山东省电力公司结合当地水电和光伏发电资源丰富的现状,基于"双碳"目标迅速启动"红村绿电"电网改造,以朱村为中心点,通过"三站四线"互联互供改造,大力推动"负荷转供+带电作业+微网发电",将周边水电和光伏就近消纳接入朱村,配合村内储能设施,构建"水电+光伏"绿色清洁供电模式,实现了朱村 100%绿电供应,同步缓解了朱村周边村落因分布式光伏大量并网引起的高电压问题。

广东茂名供电局应用低电压一张图智能诊断分析系统支撑低电压精准治理。针对兰田连塘山公用台区变压器存在低电压问题进行监测,高峰期时台区低电压用户达到 70 户,末端电压仅为 162.3 伏,电压严重偏低,影响用户用电感受。通过低电压一张图分析智能诊断系统发现,台区存在明显的单相迁回供电问题,一回分支线存在严重"倒回头"供电问题,导致台区供电半径超过 700 米,造成台区低电压问题。通过修理项目将台区"倒回头"供电用户重新割接分配;同时将台区线径为 35 平方毫米的低压线路更换为 95 平方毫米,电压监测系统和计量系统数据分析结果表明,治理措施执行后该台区低电压问题得到有效解决,台区末端电压提升至标准范围。

二、电能质量控制情况

电网企业坚持以问题为导向,以持续提高电网电能质量管理为目标,全面剖析问题,找准痛点,抓住要点,强化专业管理,建立重点工作问题跟踪管控机制,整合专项问题排查、进一步规范电能质量提升工作体系,试点开展电网电能质量分析和治理示范工程,持续改善电网电能质量。

(一)电网变电站电能质量控制情况

随着新型电力系统建设不断深入,电网变电站接入各类新能源电源和非线性负荷复杂多样,部分终端变电站存在谐波污染严重,电压波动较大和无功补偿不足的情况。特别是近年来随着电气化铁路和新能源发电的大量并网,电网电能质量问题日趋严重,各电网企业立足于治理投资小,补偿效率高,技术可靠先进等原则,通过实时监测、数据分析、智能决策等手段，制订科学经济有效的控制方案，推动电网电能质量超标问题的治理，优化提升变电站电能质量。

专栏 6－4

电网变电站电能质量控制典型案例

国网福建省电力有限公司针对电铁、地铁等轨道交通用户电能质量管理难题，通过会谈协商、技术服务等方式，探索轨道交通"破冰"管理新模式。国网福建省电力有限公司以城际铁路为突破，通过与福州地铁集团的高层协商，成功达成福州 F1 城际铁路治理协定，双方共同研究并确认治理方案。针对机车频谱可信度低影响评估准确性的问题，最大化应用各类电能质量数据，参考跨省共享数据及省级谐波频谱库的机车运行实测频谱，为评估计算分析及治理容量配置提供依据，提升评估结论准确性。同时，国网福建省电力有限公司深度介入用户侧治理方案设计及审查，联合福州地铁集团多次组织治理专题研讨与电力、交通行业专家会审，确定并优化 27.5 千伏高压直挂 APF 新技术的谐波治理方案，提升治理方案可操作性，为从城轨到电铁的电能质量管理破冰和技术突破打下坚实基础。

内蒙古电力采用在 500 千伏变电站投入超高压磁控型可控并联电抗器实现电网电能质量调控。通过试验验证 500 千伏磁控式母线高抗 120MVar 全容量动态可调过程中电能质量状态，掌握了磁控型可控并联电抗器全容量调节过程中的各项电能质量试验参数，为实现磁控高抗可调模式运行奠定坚实的数据基础，更是新技术新设备应用于电网稳定安全的重大突破。

（二）新能源发电电能质量控制情况

随着能源绿色低碳转型步伐加快，分布式能源、储能、风电等交互式用能设备广泛应用，源网荷储相互影响，电能质量问题更加突出。电网企业严把电能质量入网关，按照电能质量控制措施与主体工程"同步设计，同步施工，同步投运，同步投运"的原则，强化新建新能源场站接入系统评审环节的电能质量审查，严格落实试运行阶段的电能质量监测分析和并网管理。相关电力企业积极应用光伏场站无功电压控制，缓解大量分布式光伏接入引起的低压用户电压越限问题。

新能源发电电能质量控制典型案例

国网湖北随州供电公司围绕新能源发电有功、无功波动引起的电压问题调控，率先部署将新能源电厂的无功补偿设备纳入调度 AVC（无功协同控制）系统。配套制订联调步骤、控制策略、开环测试等 5 项工作流程，组织新能源场站签订并网调度协议，围绕电能质量、有功/无功功率控制能力等 4 项性能，制订了《新能源接入调试标准指导书》《新能源 AVC 调试验收指导卡》《AVC 新能源调试缺陷记录表》，要求新能源场站并网 6 个月内完成涉网性能测试，提升安全运行水平。该地区新能源场站已实现全量接入控制，为主网提供动态无功补偿容量，春节期间新能源场站 SVG 参与主网调压，实现有功出力、无功精准调节。

云南电网公司针对云南保山罗明光伏电站产生的高次谐波引起电压误测量事件，深入实地开展调查及仿真分析，发现该光伏电站在小出力工况下 SVG 与集电线路间易产生高次谐波谐振，传递至电网易导致系统性风险，通过采用修改二次虚拟阻抗值的方式，避免该工况的出现。

（三）干扰源用户电能质量控制情况

近年来，随着非线性负荷用户的不断增加，尤其是电力系统中用电负荷结构和用电性质变化巨大，区域电网中谐波、闪变、不平衡污染等电能质量问题日益突出。谐波电流超标是大型工业用户常见的电能质量问题，它不仅会对企业的正常生产造成影响，严重时还会影响电网系统安全稳定运行。电网企业协同电力用户通过开展监测管理、加强用户侧沟通和指导，推动超标用户采取控制措施消除电能质量问题。

干扰源用户电能质量控制典型案例

国网石家庄供电公司针对新能源汽车日渐增多，充电桩设施无序接入电网导致的供电电压质量问题，联合市发展改革委和住建局联合下发《石家庄市居住区电动汽车充电基础设施建设管理指南》，明确"新建居住区确保固定车位按规定 100%建设充电基础设施，具备控制充电基础设施输出功率功能"，并接受电网调控，实现错峰充电，并与居住区主体建筑同步规划、设计、建设、验收。规范了电动汽车充电设施接入电网技术要求和办理流程，促使电动汽车充电设施有序增长，提高了用户用电满意度。

云南普洱供电局发现辖区内某纸制品企业谐波电流越限。通过多部门通力合作，主动推动用户整改。在云南电科院指导下，用户在其开关场加装了±5MVar的SVG，同步配置滤波功能。经调整后复测合格，完成谐波治理工作闭环。

三、重要/敏感用户电能质量优质服务情况

电压暂降是供电系统正常运行不可避免的事件，而半导体制造、精密加工等高端制造企业对电压暂降非常敏感，由此造成的供用电投诉问题日益凸显。相关电力企业综合考虑工业过程电压暂降耐受能力、暂降影响程度、用户可接受后果状态，细化敏感用户管理要求，完善电压暂降监测、用户沟通、整改治理的管控机制，提出可靠性高、经济性好的网荷协同的电压暂降综合治理应对策略。一是建立并动态更新电压暂降敏感用户档案，为电压暂降管控提供支撑，进一步提升用户服务水平；二是根据电压暂降的监测分析结果和责任划分，在电网侧，针对因雷击、树障、污闪、风偏等导致的电压暂降，加强供电线路巡视维护；三是加强用户侧沟通协调，督促和协助用户开展电压暂降耐受能力评估，积极指导用户安装不间断电源UPS、DVR、抗晃电模块等治理装置，降低或消除企业经受电压暂降后的经济损失，提高敏感用户用电满意度。

专栏 6-7

电力敏感用户电能质量优质服务典型案例

国网江西鹰潭供电公司对存量电压敏感用户开展全面摸排，梳理出主要使用变频器、伺服驱动器（接触器）、PLC控制器、带欠电压保护的断路器等设备的电压敏感客户。因地制宜制订现场治理措施，电网公司和企业双方共同发力、多措并举治理电压暂降问题：① 对敏感设备参数进行优化；② 与企业沟通并宣贯标准；③ 是企业配备电压支撑装置；④ 速断定值投入；⑤ 运行方式调整；⑥ 低压断路器欠电压保护延时；⑦ 所在变电站缺陷消除。通过灵活采取以上措施，有效缓解电压暂降问题造成的影响。

深圳华瀚科技工业园区内有生物、电子、服装、投资等多类型企业二十余家，其生产过程对大电网谐波、电压暂降等电能质量问题较为敏感。2023年，深圳供电局基于园区内配电结构与多节点电能质量监测数据，通过在园区内合理配置规划电能质量治理设备、储能设备、暂降治理设备，结合在线协同控制算法和边缘控制平台的开发，形成集"监测—评估—分析—优化—控制"为一体的智能配电网供电品质综合优化平台，综合治理园区多节点的谐波、三

相不平衡等问题，最终实现园区配电网内供电品质自适应优化提升。

内蒙古电力针对内蒙古某乳制品企业向所属供电单位反馈牛奶生产过程中主要设备均质机频繁报警停机故障事件，积极协调专家技术团队赴企业生产现场，开展现场设备情况调查并同时开展电能质量测试，确定生产过程中巴氏杀菌机和超高温杀菌机对应设备的变频器告警停机的问题关键，找到并分析清楚变频器停机的确切原因，针对该问题为用户提供了相关的治理方案，建议用户加装补偿时间为 3 秒的补偿设备，调整变频器动作时间适应生产工况，同时全面监管生产过程中的电能质量情况，解决了厂区内变频器引起的谐波问题。

第七章

形 势 与 展 望

第一节　面临的形势和挑战

2024 年是深入实施"四个革命、一个合作"能源安全新战略十周年，能源安全新战略的提出为推动我国能源电力高质量发展指明了方向。十年来，在以习近平同志为核心的党中央坚强领导下，电力行业全力以赴保障电力安全可靠供应，持之以恒推动绿色低碳转型，加快建设新型电力系统，取得一系列历史性、转折性、全局性变化，为国家经济社会发展提供了安全可靠的电力供应保障。当前，新型能源体系和新型电力系统正在加快构建中，能源电力系统的物理形态、交易方式等正在发生根本性转变，安全保供压力与日俱增，电力可靠性和电能质量管理作为保障电力安全供给和高质量发展的重要基础工作面临着新挑战和新机遇。

一、电力安全可靠供应面临新形势

随着新质生产力快速发展，新型城镇化和乡村全面振兴深入推进，未来一段时期内我国电力消费仍将保持持续增长，局部地区、部分时段出现电力供应偏紧的现象仍会存在。区域性极端强降水、大范围极端高温热浪和极端寒潮、以及地质灾害等事件频发，电力安全可靠供应任务艰巨。当前我国电网在局部地区还存在薄弱环节，随着新能源的快速发展，电力系统调度控制的复杂程度显著增加，设备级故障演化为系统性事故的风险不断累积，电力可靠性管理面临进一步提质增效的迫切需求。

二、经济社会高质量发展带来新需求

当前，我国经济结构调整和转型发展进入关键阶段，各地对营商环境建设的标准持续提高，以高精尖制造业为代表的新质生产力集群规模不断扩大，对电能质量和可靠性的要求越来越高，居民和工商业用户对停电的容忍度越来越低，社会对日常用电的需求正在从"用上电"转变为"用好电"，对电力可靠性和电能质量管理工作提出了新的更高期望。

三、构建新型电力系统带来新要求

随着新型电力系统建设全面提速，我国电力工业发生巨大变化。一方面，电源结构由可控连续出力的煤电装机占主导向强不确定性、弱可控出力的新能源发电装机占主导转变，新能源出力"靠天吃饭"，对电力保障支撑能力弱，同时未来负荷特性由刚性、纯消费型向柔性、生产与消费兼具型转变，发电和负荷随机性、波动性增强，电力供需形势日趋复杂，供应安全面临长期压力；另一方面，新能源、直流等大量替代常规机组，电动汽车、分布式能源、储能等交互式用能设备广泛应用，电力系统呈现高比例可再生能源、高比例电力电子设备的"双高"特征，系统转动惯量和支撑能力下降，抗扰动能力弱，故障特性和连锁反应更加复杂，系统安全运行面临挑战。这些都对电力可靠性和电能质量管理工作提出了新要求。

四、深化电力体制改革提出新任务

近年来，电力行业坚持市场化改革方向，按照"管住中间、放开两头"体制架构，构建"统一市场、两级运作"市场框架，基本构建形成公开透明的电力市场秩序和"多买方—多卖方"的市场竞争格局。如何在效率效益和电力供给质量之间找到平衡点，是政府和电力企业需要认真思考和研究解决的问题。电力现货市场正在加快推进，叠加碳市场、辅助服务市场等，使得电力交易市场的复杂性和波动性显著增加，对电力系统安全可靠性运行形成风险和压力，对电力可靠性管理工作提出了新任务。

五、发展新质生产力赋予新机遇

智能电网、物联网、云计算等新技术不断涌现，为电力可靠性管理提供了更加精准、高效的监测、预测手段。新技术的广泛应用也推动了电力行业的数字化转型，提升了电力系统的智能化水平，为电力可靠性管理提供了更加广阔的空间，同时也提出了进一步完善可靠性管理工作的新需求。电力可靠性管理要积极研究推进二次设备的统计评价，强化网络安全管理，综合各类信息深度挖掘数据价值，更好地服务于电力安全保供和电力高质量发展。

第二节　可靠性和电能质量发展展望

面对新形势、新挑战，电力可靠性管理和电能质量管理工作必须坚持以人民为中心的发展思想，践行"人民电业为人民"的服务宗旨，全面贯彻新发展理念，加快构建新发展格局，加快推进新型电力系统和新型能源系统建设，深入落实《可靠性办法》和《电能质量办法》

的工作要求，不断深化电力可靠性管理改革，推进电力可靠性管理本质提升，推动电力可靠性和电能质量管理高质量发展，为中国式现代化建设提供安全可靠的能源电力保障。

一、加大可靠性管理深度广度

深入开展电力系统可靠性理论研究和试点应用，加快系统可靠性和输变电可靠性典型应用场景研究，加快《电力系统可靠性指标导则》制定实施，提升电力系统风险预测预警能力，提高大电网运行可靠性水平。推进电力可靠性向用户侧延伸，深入开展低压用户供电可靠性管理技术路线研究，完善低压停电可靠性指标采集和数据统计工作方法，扩大范围推广低压用户供电可靠性管理工作，推动具备条件的供电企业先行开展指标统计工作。

二、推动可靠性管理创新发展

随着新质生产力发展和技术创新变革，电力系统要积极探索应用物联网、大数据、人工智能等新技术，通过对电力系统实时监测、预测和运行优化，实现潜在风险及时发现和有效应对，提高电力系统运行的稳定性。应加大对新能源发电技术、储能技术、智能电网技术等领域的研发投入，促进新型电力系统建设。积极开展高供电质量示范区建设，推动先进管理制度和新型技术装备先行先试，向高新技术产业等有需要的用户提供的高品质供电。积极开展可靠性经济性技术研究，满足不同区域、不同用户对电力可靠性的需求。加强电力系统安全防护技术研究，建立多层次的网络安全防御体系，防止恶意攻击和外力因素影响电力可靠供应。

三、推进以可靠性为中心的电力设备检修策略试点应用

深入贯彻以可靠性管理为中心的管理理念，深化以可靠性为中心的电力设备检修策略（RCM）试点成果应用，推进电力生产全过程管理和设备设施全寿命管理取得实质性进展。建立 RCM 规范管理体系，对部件分类、编码规则和信息接口等标准进行统一规范，为后续信息共享交互做准备。建立 RCM 成效评估机制，对实施效果进行科学评估，持续优化和改进策略。建立 RCM 工作制度体系，科学制订工作流程，推动 RCM 与生产管理信息系统有机融合。继续开展第三批试点工作，实现系统主设备全覆盖，整理积累 RCM 信息资源，为后续推广应用奠定基础。固化各批试点成果，开展专业指导书籍编写，加快有关导则、标准制修订。依托电力行业 RCM 专家库，开展重点课题研究、学术研讨、技术培训、对标评价、成果鉴定等，搭建行业 RCM 交流平台，推动信息共享、协作互联、经验分享与借鉴。推进政府部门出台工作有关制度文件，为企业开展 RCM 工作提供制度支撑。

四、加快基于实时数据的可靠性管理统计评价

加快基于实时数据的可靠性管理研究推进工作，在电力企业层面，加快有关信息采集终

端安全覆盖，实时获取可靠性统计有关生产数据，实现可靠性信息自动、完整、及时采集和系统上送，通过规范可靠性相关生产数据可信溯源管理，推动可靠性数据的质量提升。在政府和行业层面，合理提高主要指标报送频次，并保留现有事件报送方式，用于校验和跟踪电力企业可靠性数据变动情况。在数据质量方面，加强供电可靠性数据质量常态化校核，每月开展供电可靠性异动数据分析，及时组织可靠性异动数据分析与整改，继续分层展示用户平均停电时间等供电可靠性指标，弱化指标绝对值排名。加快实时数据可靠性有关标准制修订，规范电力企业相关工作开展，为政府监管、行业服务提供标准支撑。

五、强化电能质量全过程管理

电能质量问题是一个系统性的社会问题，受源、网、荷、储、用各环节影响。要深刻认识电能质量管理的重要性和系统性，准确领会《电能质量办法》精神，推进建立政府监督管理、行业自律和企业履责机制，加强政府、协会、企业之间的合作，推动建立覆盖发、输、供、用等全行业齐抓共管的电能质量管理协作的良好秩序。促请政府出台配套政策及相关标准，做到有法可依。通过《电能质量办法》及配套政策和相关标准制度的贯彻执行，健全政府部门、电力企业、电力用户、电气设备制造商多方协同的电能质量监督管理体系，协调落实各方权利、责任和义务，保障电能质量管理与监督到位。

六、加强电能质量全产业链协同共治

推动建立全社会、全行业、全产业链协同治理电能质量问题的机制，为产业发展创造良好的外部环境，加速关键设备的研发效率，推动各类新设备的研制和推广应用。建立电能质量信息共享平台，实现产业链上下游各环节的信息互通和共享，提高信息传递的效率和准确性。构建跨行业协调沟通平台，整合电能质量产业链上下游资源，实现资源的高效利用和共享，降低成本。建立公平、合理的利益分配机制，确保参与电能质量治理、管理工作的各方利益得到保障，激发各环节的积极性和创造力。深化电网企业引领带动作用，落实产业链融通发展"共链行动"，推动电能质量产业共性技术研发，促进电能质量产业发展，进一步降低电网企业、用户电能质量问题治理成本。

七、深化国际交流与合作

深化电力可靠性与电能质量管理国际交流合作，是保障我国能源安全、推动技术创新与绿色发展、提升可靠性和电能质量管理水平的重要途径。建立并加强与各国电力可靠性与电能质量管理机构合作关系，通过签署合作协议、建立定期交流机制等方式，促进双方在管理政策、标准、技术等领域的深入交流。积极参加国际相关领域专业管理论坛、研讨会等活动就电力可靠性与电能质量管理的热点问题、发展趋势等进行深入讨论和分享。开展国际培训和技术交流，邀请国际知名专家来华授课，或组织国内电力企业和研究机构赴国外学习考察，通过培训和交流引进国外先进管理理念、技术和方法。加强电力可靠性管理信息国际共享，建立信息共享平台，实现各国电力可靠性管理数据互联互通和共享利用。

附录

附录 1　2023 年电力行业基本数据一览表

	单位	2023 年	2022 年	同比增长
一、发电量	亿千瓦·时	**94564**	**88487**	**6.9%**
水　电	亿千瓦·时	12859	13522	−4.9%
火　电	亿千瓦·时	62657	58888	6.4%
核　电	亿千瓦·时	4347	4178	4.1%
风　电	亿千瓦·时	8859	7627	16.2%
太阳能发电	亿千瓦·时	5842	4273	36.7%
二、全社会用电量	亿千瓦·时	**92238**	**86477**	**6.7%**
第一产业	亿千瓦·时	1277	1146	11.4%
第二产业	亿千瓦·时	60750	57050	6.5%
其中，工业	亿千瓦·时	59785	56050	6.7%
第三产业	亿千瓦·时	16696	14879	12.2%
城乡居民生活用电	亿千瓦·时	**13514**	**13402**	**0.8%**
三、发电装机容量	万千瓦	**292224**	**256317**	14.0%
水　电	万千瓦	42237	41396	2.0%
其中，抽水蓄能	万千瓦	5094	4579	11.2%
火　电	万千瓦	139099	133527	4.2%
其中，燃煤（含煤矸石）	万千瓦	116484	112632	3.4%
燃气	万千瓦	12620	11565	9.1%
核　电	万千瓦	5691	5557	2.4%
风　电	万千瓦	44144	36564	20.7%
太阳能发电	万千瓦	61048	39268	55.5%
地热能、海洋能发电	万千瓦	5	5	—

	单位	2023 年	2022 年	同比增长
四、220 千伏及以上输电线路回路长度	千米	**919667**	**879008**	**4.6%**
1. 交流部分	千米	**865849**	**825190**	**4.9%**
其中，1000 千伏	千米	17154	16089	6.6%
750 千伏	千米	29167	28161	3.6%
500 千伏	千米	230352	218932	5.2%
330 千伏	千米	37628	37023	1.6%
220 千伏	千米	551548	524986	5.1%
2. 直流部分	千米	**53818**	**53818**	**—**
其中，±1100 千伏	千米	3295	3295	—
±800 千伏	千米	32110	32110	—
±660 千伏	千米	1441	1441	—
±500 千伏	千米	15940	15940	—
±400 千伏	千米	1031	1031	—
五、220 千伏及以上公用变电设备容量	万千伏安	**542400**	**513349**	**5.7%**
1. 交流部分	万千伏安	**494053**	**466752**	**5.8%**
其中，1000 千伏	万千伏安	21300	20700	2.9%
750 千伏	万千伏安	24819	22945	8.2%
500 千伏	万千伏安	186006	173573	7.2%
330 千伏	万千伏安	15325	14701	4.2%
220 千伏	万千伏安	246602	234833	5.0%
2. 直流部分	万千伏安	**48348**	**46596**	**3.8%**
其中，±1100 千伏	万千伏安	2867	2867	—
±800 千伏	万千伏安	30741	29420	4.5%
±660 千伏	万千伏安	884	884	—
±500 千伏	万千伏安	12611	12181	3.5%
±400 千伏	万千伏安	1245	1245	—
六、新增发电装机容量	万千瓦	**37067**	**19849**	**86.7%**
水　电	万千瓦	943	2371	−60.2%

续表

	单位	2023 年	2022 年	同比增长
其中，抽水蓄能	万千瓦	545	880	−38.1%
火　电	万千瓦	6610	4568	44.7%
其中，燃煤（含煤矸石）	万千瓦	4775	2920	63.6%
燃气	万千瓦	1025	649	57.9%
其中，生物质发电	万千瓦	305	399	−23.7%
核　电	万千瓦	139	228	−39.1%
风　电	万千瓦	7622	3861	97.4%
太阳能发电	万千瓦	21753	8821	146.6%
七、年底主要发电企业电源项目在建规模	**万千瓦**	**37308**	**26959**	**38.4%**
水　电	万千瓦	9129	7708	18.4%
火　电	万千瓦	9926	6236	59.2%
核　电	万千瓦	3460	2232	55.0%
风　电	万千瓦	5074	3886	30.6%
八、新增直流输电线路长度及换流容量				
1. 线路长度	**千米**	**2123**	**2223**	**−4.5%**
其中，±1100 千伏	千米	—	—	—
±800 千伏	千米	2123	2080	2.1%
±660 千伏	千米	—	—	—
±500 千伏	千米	—	143	−100.0%
±400 千伏	千米	—	—	—
2. 换流容量	**万千瓦**	**1600**	**1800**	**−11.1%**
其中，±1100 千伏	万千瓦	—	—	—
±800 千伏	万千瓦	1600	1600	—
±660 千伏	万千瓦	—	—	—
±500 千伏	万千瓦	—	200	−100.0%
±400 千伏	万千瓦	—	—	—
九、新增交流 110 千伏及以上输电线路长度及变电设备容量				
1. 线路长度	**千米**	**59049**	**60170**	**−1.9%**
其中，1000 千伏	千米	1126	1451	−22.4%
750 千伏	千米	1098	1242	−11.5%

	单位	2023 年	2022 年	同比增长
500 千伏	千米	10827	8676	24.8%
330 千伏	千米	962	1284	−25.1%
220 千伏	千米	25236	23812	6.0%
110 千伏(含 66 千伏)	千米	19800	23706	−16.5%
2. 变电设备容量	**万千伏安**	**35978**	**35320**	**1.9%**
其中，1000 千伏	万千伏安	1200	600	100.0%
750 千伏	万千伏安	1530	2370	−35.4%
500 千伏	万千伏安	13117	11395	15.1%
330 千伏	万千伏安	1077	861	25.1%
220 千伏	万千伏安	10626	10784	−1.5%
110 千伏(含 66 千伏)	万千伏安	8428	9310	−9.5%
十、本年完成电力投资	**亿元**	**15502**	**12433**	**24.7%**
1. 电源投资	**亿元**	**10225**	**7427**	**37.7%**
水　　电	亿元	1029	872	18.0%
火　　电	亿元	1124	895	25.6%
核　　电	亿元	1003	785	27.7%
风　　电	亿元	2753	2011	36.9%
太阳能发电	亿元	4316	2865	50.7%
2. 电网投资	**亿元**	**5277**	**5006**	**5.4%**
输变电	亿元	5157	4851	6.3%
其中，直流	亿元	145	316	−53.9%
交流	亿元	4987	4505	10.7%
单独立项二次项	亿元	24	30	−18.2%
其　他	亿元	120	155	−22.5%
十一、单机 6000 千瓦及以上机组平均单机容量				
水电：单机容量	万千瓦/台	6.81	6.80	0.01 万千瓦/台
火电：单机容量	万千瓦/台	13.76	13.78	−0.02 万千瓦/台

续表

	单位	2023 年	2022 年	同比增长
十二、6000 千瓦及以上电厂供电标准煤耗	克/（千瓦·时）	301.6	300.8	0.87 克/（千瓦·时）
十三、6000 千瓦及以上电厂厂用电率	%	4.65	4.50	0.15 个百分点
水　电	%	0.55	0.25	0.30 个百分点
火　电	%	5.80	5.79	0.01 个百分点
十四、6000 千瓦及以上电厂发电设备利用小时	小时	3598	3693	−95 小时
水　电	小时	3130	3417	−287 小时
其中，抽水蓄能	小时	1176	1181	−4 小时
火　电	小时	4476	4390	87 小时
其中，燃煤	小时	4690	4593	97 小时
燃气	小时	2525	2440	85 小时
核　电	小时	7670	7616	54 小时
风　电	小时	2235	2218	16 小时
太阳能发电	小时	1292	1340	−48 小时
十五、供、售电量及线损				
供电量	亿千瓦·时	79247	74676	6.1%
售电量	亿千瓦·时	75651	71074	6.4%
线损电量	亿千瓦·时	3595	3602	−0.2%
线损率	%	4.54	4.82	−0.3 个百分点

注　1. 发电量数据来源于《中华人民共和国 2023 年国民经济和社会发展统计公报》。

　　2. 220 千伏及以上输电线路回路长度和公用变电设备容量为初步数据。

附录 2　2023 年度电力可靠性管理有效技术标准

序号	名称	标准号
1	电力可靠性基本名词术语	DL/T 861—2020
2	电力可靠性管理代码规范	DL/T 1714—2016
3	发电设备可靠性评价规程　第 1 部分：通用要求	DL/T 793.1—2017
4	发电设备可靠性评价规程　第 2 部分：燃煤机组	DL/T 793.2—2017
5	发电设备可靠性评价规程　第 3 部分：水电机组	DL/T 793.3—2019
6	发电设备可靠性评价规程　第 4 部分：抽水蓄能机组	DL/T 793.4—2019
7	发电设备可靠性评价规程　第 5 部分：燃气轮发电机组	DL/T 793.5—2018
8	发电设备可靠性评价规程　第 6 部分：风力发电机组	DL/T 793.6—2019
9	发电设备可靠性评价规程　第 7 部分：光伏发电设备	DL/T 793.7—2022
10	火力发电厂辅助设备可靠性评价规程	DL/T 2139—2020
11	核电厂常规岛与辅助配套设施可靠性数据管理导则	NB/T 25018—2023
12	输变电设施运行可靠性评价指标导则	GB/T 40862—2021
13	输变电设施可靠性评价规程	DL/T 837—2020
14	输变电回路可靠性评价规程	DL/T 2030—2019
15	串联补偿系统可靠性统计评价规程	DL/T 1090—2023
16	直流输变电设施可靠性评价规程	T/CEC 479—2021
17	直流输电系统可靠性评价规程	DL/T 989—2022
18	供电系统供电可靠性评价规程　第 1 部分：通用要求	DL/T 836.1—2016
19	供电系统供电可靠性评价规程　第 2 部分：高中压用户	DL/T 836.2—2016
20	供电系统供电可靠性评价规程　第 3 部分：低压用户	DL/T 836.3—2016
21	配电网设施可靠性评价指标导则	DL/T 2610—2023
22	中压配电网可靠性评估导则	DL/T 1563—2016
23	统计用供电可靠性地区特征划分导则	T/CEC 696—2022
24	电力可靠性管理信息系统数据接口规范　第 1 部分：通用要求	DL/T 1839.1—2018
25	电力可靠性管理信息系统数据接口规范　第 2 部分：输变电设施	DL/T 1839.2—2018
26	电力可靠性管理信息系统数据接口规范　第 3 部分：发电设备	DL/T 1839.3—2019
27	电力可靠性管理信息系统数据接口规范　第 4 部分：供电系统用户供电	DL/T 1839.4—2018
28	电力行业可靠性管理专业技术人员培训考核规范	T/CEC 319—2020

附录 3　2022 年度全国发电标杆机组称号名单

一、150～399 兆瓦容量水电混流机组

国投云南大朝山水电有限公司 6 号机组

华能澜沧江水电股份有限公司苗尾水电站 2 号机组

国投云南大朝山水电有限公司 1 号机组

华能澜沧江水电股份有限公司功果桥水电站 1 号机组

黄河水利水电开发集团有限公司小浪底水力发电厂 2 号机组

华能澜沧江水电股份有限公司景洪水电厂 3 号机组

黄河水利水电开发集团有限公司小浪底水力发电厂 3 号机组

贵州北盘江电力股份有限公司董箐分公司 2 号机组

云南华电鲁地拉水电有限公司 6 号机组

大唐嘉陵江亭子口水利水电开发有限公司 4F 号机组

二、400 兆瓦及以上容量水电混流机组

三峡水力发电厂 9 号机组

青海黄河上游水电开发有限责任公司拉西瓦发电分公司 2 号机组

青海黄河上游水电开发有限责任公司拉西瓦发电分公司 3 号机组

华能澜沧江水电股份有限公司糯扎渡水电厂 5 号机组

雅砻江流域水电开发有限公司锦屏一级水电站 4 号机组

国能大渡河瀑布沟发电有限公司 5 号机组

金安桥水电站有限公司 4 号机组

国能大渡河大岗山发电有限公司 4 号机组

雅砻江流域水电开发有限公司锦屏一级水电站 3 号机组

溪洛渡水力发电厂 15 号机组

三、150 兆瓦及以上容量水电轴流机组

广西桂冠开投电力有限责任公司乐滩水电厂 4 号机组

雅砻江流域水电开发有限公司桐子林水电站 2 号机组

雅砻江流域水电开发有限公司桐子林水电站 1 号机组

国能大渡河深溪沟发电有限公司 3 号机组

四、150 兆瓦及以上容量国产抽水蓄能机组

江西洪屏抽水蓄能有限公司 3 号机组

江苏国信溧阳抽水蓄能发电有限公司 1 号机组

江苏国信溧阳抽水蓄能发电有限公司 2 号机组

江西洪屏抽水蓄能有限公司 2 号机组

五、150 兆瓦及以上容量进口抽水蓄能机组

山东泰山抽水蓄能有限公司 2 号机组

山东泰山抽水蓄能有限公司 1 号机组

山东泰山抽水蓄能有限公司 3 号机组

华东天荒坪抽水蓄能有限责任公司 4 号机组

清远蓄能发电有限公司 1 号机组

国网新源控股有限公司北京十三陵蓄能电厂 2 号机组

六、1000 兆瓦等级燃煤煤粉锅炉发电机组

国家能源集团泰州发电有限公司 3 号机组

国家能源集团江西电力有限公司神华九江电厂 1 号机组

华能汕头海门发电有限责任公司 4 号机组

国家能源集团谏壁发电厂 13 号机组

国能浙江宁海发电有限公司 6 号机组

广东华厦阳西电厂 5 号机组

上海上电漕泾发电有限公司 2 号机组

华电莱州发电有限公司 3 号机组

浙江浙能中煤舟山煤电有限责任公司 1 号机组

华电江苏能源有限公司句容发电分公司 3 号机组

七、600 兆瓦等级燃煤煤粉锅炉发电机组

马鞍山当涂发电有限公司 1 号机组

浙江浙能北仑发电有限公司 3 号机组

国电建投内蒙古能源有限公司布连电厂 2 号机组

国能锦界能源有限责任公司 6 号机组

国能铜陵发电有限公司 2 号机组

广东大唐国际潮州发电有限责任公司 1 号机组

国家能源集团国源电力有限公司河曲 1 号机组

内蒙古大唐国际托克托第二发电有限责任公司 8 号机组

内蒙古大唐国际托克托发电有限责任公司 6 号机组

内蒙古大唐国际托克托第二发电有限责任公司 10 号机组

华能内蒙古上都发电有限责任公司 2 号机组

内蒙古大唐国际托克托发电有限责任公司 2 号机组

国家能源集团宿迁发电有限公司 4 号机组

淮浙煤电有限责任公司凤台发电分公司 1 号机组

国能河北沧东发电有限责任公司 1 号机

国能宝清煤电化有限公司 1 号机组

浙江大唐乌沙山发电有限责任公司 3 号机组

国能浙江北仑第一发电有限公司 2 号机组

福建大唐国际宁德发电有限责任公司 1 号机组

大唐彬长发电有限责任公司 2 号机组

八、300 兆瓦等级燃煤煤粉锅炉发电机组

华能武汉发电有限责任公司 2 号机组

内蒙古国华准格尔发电有限责任公司 4 号机组

国家能源集团乐东发电有限公司 1 号机组

江苏利港电力有限责任公司 4 号机组

宝山钢铁公司宝钢电厂 4 号机组

华能海南发电股份有限公司东方电厂 4 号机组

浙江浙能温州发电有限公司 6 号机组

太仓港协鑫发电有限公司 5 号机组

国家能源集团广东电力有限公司（肇庆）热电有限公司 1 号机组

大唐国际发电股份有限公司张家口 1 号机组

阳城国际发电有限责任公司 5 号机组

中煤电力平顶山姚孟发电有限责任公司 3 号机组

阳城国际发电有限责任公司 6 号机组

龙源电力集团股份有限公司天生港 2 号机组

浙江浙能温州发电有限公司 5 号机组

太仓港协鑫发电有限公司 3 号机组

湖北华电襄阳发电有限公司 1 号机组

内蒙古霍煤鸿骏铝电有限责任公司电力分公司 8 号机组

国能三河发电有限责任公司 3 号机组

华电库车发电有限公司 4 号机组

九、300 兆瓦等级燃煤循环流化床锅炉发电机组

晋能控股电力集团山西国金电力有限公司 2 号机组

内蒙古京泰发电有限责任公司 2 号机组

大唐鸡西第二热电有限公司 1 号机组

广东宝丽华电力有限公司梅县荷树园电厂 3 号机组

山西京能吕临发电有限公司 1 号机组

华电国际股份有限公司朔州热电分公司 1 号机组

晋能控股电力集团山西国峰煤电有限责任公司 2 号机组

山西国际能源集团山西昱光发电有限责任公司 2 号机组

大唐鸡西第二热电有限公司 2 号机组

白山热电有限责任公司 1 号机组

十、150 兆瓦及以上容量燃气轮发电机组

北京京西燃气热电有限公司 2 号机组

江苏大唐国际金坛热电有限责任公司 3 号机组

江苏大唐国际金坛热电有限责任公司 4 号机组

江苏华电通州热电有限公司 1 号机组

大唐泰州热电有限责任公司 2 号机组

天津陈塘热电有限公司 6 号机组

大唐苏州热电有限责任公司 2 号机组

华能北京热电厂 6 号机组

国电投珠海横琴热电有限公司 1 号机组

华能北京热电厂 8 号机组

附录 4 2023 年全国 50 兆瓦及以上容量水电机组主要运行可靠性指标

机组分类	机组容量（MW）	台数（台）	台·年数	平均容量（兆瓦/台）	利用小时[小时/（台·年）]	可用小时 运行[小时/（台·年）]	可用小时 备用[小时/（台·年）]	计划停运 次数[次/（台·年）]	计划停运 小时[小时/（台·年）]	非计划停运 次数[次/（台·年）]	非计划停运 小时[小时/（台·年）]	强迫停运 次数[次/（台·年）]	强迫停运 小时[小时/（台·年）]	降低出力等效停运小时[小时/（台·年）]	等效可用系数（%）	等效强迫停运率（%）
抽水蓄能机组	全部	165	165	267.45	2647.73	3321.53	4657.3	5.66	767.78	0.77	13.39	0.62	4.74	0	91.08	0.12
	50～99	15	15	63.27	2918.75	4614.71	3451.58	3.73	693.08	0.13	0.64	0.13	0.64	0	92.08	0.01
	100～199	6	6	150	2188.94	2107.61	5746.45	8.33	904.66	0.17	1.28	0.17	1.28	0	89.66	0.06
	200～299	29	29	237.93	2470.46	2636.09	5355.15	5.28	768.34	0.28	0.42	0.28	0.42	0	91.22	0.02
	300 及以上	115	115	307.65	2686.7	3451.41	4525.83	5.87	766.19	1.01	16.57	0.79	5.78	0	91.06	0.16
水电轴流机组	全部	141	140.01	105.65	3974.49	5162.07	2891.89	1.32	703.22	0.09	2.81	0.01	1.66	0	91.94	0.04
	50～99	65	64.89	64.13	3262.45	4306.86	3887.69	1.36	561.36	0.18	4.09	0.02	0.01	0	93.55	0
	100～199	69	68.52	135.2	4317.76	5667.94	2358.83	1.23	730.59	0.01	2.64	0.01	2.64	0	91.63	0.06
	200～299	7	6.6	200	3813.39	4312.93	3488.53	1.97	958.54	0	0	0	0	0	89.06	0
水电混流机组	全部	755	751.41	284.86	3445.39	4639.63	3594.05	1.19	525.55	0.03	0.77	0.02	0.63	2.94	93.96	0.01
	50～99	246	245.29	66.9	2999.9	4219.1	4092.87	1.12	446.88	0.02	1.14	0	0.3	38.26	94.45	0.01
	100～199	134	133.25	136.72	2695.2	3746.2	4441.81	1.28	569.52	0.05	2.46	0.03	1.56	0	93.47	0.03
	200～299	106	105.62	231.79	2750.43	3646.24	4645.3	1.02	468.46	0	0	0	0	0	94.65	0
	300 及以上	269	267.25	578.9	3691.12	4946.83	3274.77	1.27	537.75	0.03	0.66	0.03	0.66	0	93.85	0.01
全部		1061	1056.42	258.34	3344.87	4454.51	3728.21	1.90	574.36	0.15	2.92	0.11	1.35	2.3	93.38	0.03

附录5　2023年全国100兆瓦及以上容量燃煤机组台年平均可靠性指标

机组容量等级	机组分类	统计台数(台)	平均容量(兆瓦/台)	利用小时[小时/(台·年)]	可用小时		不可用小时及次数						降低出力等效停运小时[小时/(台·年)]	等效可用系数(%)	等效强迫停运率(%)
					运行[小时/(台·年)]	备用[小时/(台·年)]	计划停运		非计划停运		强迫停运				
							次数[次/(台·年)]	小时[小时/(台·年)]	次数[次/(台·年)]	小时[小时/(台·年)]	次数[次/(台·年)]	小时[小时/(台·年)]			
100兆瓦等级	燃煤全部	113	140.14	3387.32	5269.02	2894.17	1.01	535.89	0.51	60.92	0.47	58.15	1.18	93.17	1.15
	燃煤国产	100	139.96	3545.77	5430.93	2758.92	1.04	505.48	0.55	64.67	0.51	61.52	1.34	93.48	1.16
	燃煤进口	13	141.54	2226.2	4082.59	3885.26	0.85	758.68	0.23	33.47	0.23	33.47	0	90.96	1.11
200兆瓦等级	燃煤全部	115	205.35	3677.77	5985.57	2289.45	0.92	444.7	0.45	40.29	0.42	38.36	3.11	94.43	0.64
	燃煤国产	109	204.77	3866.62	6288	1970.86	0.95	458.54	0.47	42.6	0.44	40.56	3.29	94.24	0.65
	燃煤进口	6	215.83	385.19	712.7	7843.98	0.34	203.32	0	0	0	0	0	97.68	0
300兆瓦等级	燃煤全部	930	325.2	4551.33	7012.09	1065.79	1.02	634.68	0.44	47.43	0.39	33.9	1.9	92.19	0.51
	燃煤国产	868	324.02	4592.9	7057.93	1014.49	1.03	637.27	0.46	50.31	0.4	35.75	1.97	92.13	0.53
	燃煤进口	62	341.74	4000.88	6405.09	1745.03	0.81	600.47	0.24	9.41	0.24	9.41	0.94	93.03	0.16
500兆瓦等级	燃煤全部	8	507.5	5202.43	7223.35	705.95	1	793.78	0.43	36.92	0.43	36.92	0	90.52	0.51
	燃煤进口	8	507.5	5202.43	7223.35	705.95	1	793.78	0.43	36.92	0.43	36.92	0	90.52	0.51
600兆瓦等级	燃煤全部	594	632.04	4723.85	7149.01	866.04	0.89	688.28	0.47	56.67	0.4	47.63	7	91.42	0.69
	燃煤国产	562	632.52	4722.85	7161.43	856	0.89	685.63	0.46	56.95	0.39	47.51	7.32	91.44	0.68
	燃煤进口	32	632.59	4741.6	6928.88	1043.99	0.78	735.28	0.63	51.84	0.59	49.72	1.24	91	0.75

续表

机组容量等级	机组分类	统计台数(台)	平均容量(兆瓦/台)	利用小时[小时/(台·年)]	可用小时 运行[小时/(台·年)]	可用小时 备用[小时/(台·年)]	计划停运 次数[次/(台·年)]	计划停运 小时[小时/(台·年)]	不可用小时及次数 非计划停运 次数[次/(台·年)]	不可用小时及次数 非计划停运 小时[小时/(台·年)]	不可用小时及次数 强迫停运 次数[次/(台·年)]	不可用小时及次数 强迫停运 小时[小时/(台·年)]	降低出力等效停运小时[小时/(台·年)]	等效可用系数(%)	等效强迫停运率(%)
700兆瓦等级	燃煤全部	10	700	4807.25	7185.69	781.14	1.12	755.58	0.61	37.58	0.61	37.58	1.26	90.93	0.53
700兆瓦等级	燃煤国产	6	700	5014.31	7619.34	383.37	1.04	756.32	0.35	0.98	0.35	0.98	0	91.36	0.01
700兆瓦等级	燃煤进口	4	700	4507.23	6557.33	1357.53	1.25	754.52	1	90.63	1	90.63	3.07	90.32	1.4
800兆瓦等级	燃煤全部	2	880	4534.35	6794.07	883.26	0.5	941.94	0.5	140.73	0.5	140.73	0	87.64	2.03
800兆瓦等级	燃煤国产	2	880	4534.35	6794.07	883.26	0.5	941.94	0.5	140.73	0.5	140.73	0	87.64	2.03
900兆瓦等级	燃煤全部	2	900	5073.63	7046.83	510.69	1	1202.48	0	0	0	0	0	86.27	0
900兆瓦等级	燃煤国产	2	900	5073.63	7046.83	510.69	1	1202.48	0	0	0	0	0	86.27	0
1000兆瓦等级	燃煤全部	161	1013.49	5068.01	7305.96	690.29	0.91	701.8	0.43	61.95	0.38	51.28	4.77	91.23	0.71
1000兆瓦等级	燃煤国产	158	1013.74	5070.05	7320.33	682.51	0.91	694.86	0.43	62.3	0.38	51.43	4.86	91.3	0.71
1000兆瓦等级	燃煤进口	3	1000	4960.15	6543.76	1103.13	1	1069.89	0.33	43.22	0.33	43.22	0	87.29	0.66
全部机组	燃煤全部	1935	462.59	4680.28	7067.76	972.27	0.96	666	0.45	53.97	0.4	43.54	4.56	91.73	0.62
全部机组	燃煤国产	1803	464.46	4704.91	7107.83	934.49	0.97	662.47	0.46	55.2	0.4	44.11	4.81	91.75	0.63
全部机组	燃煤进口	132	437.11	4321.26	6483.59	1523.03	0.81	717.38	0.36	35.99	0.35	35.25	0.93	91.39	0.49

附录6　2023年各省（区、市）100兆瓦及以上容量燃煤机组备用及运行时间

省/自治区/直辖市	统计台数（台）	平均容量（兆瓦/台）	利用小时[小时/（台·年）]	运行小时[小时/（台·年）]	备用小时[小时/（台·年）]
北京市	4	192.50	759.04	1051.29	6522.75
河北省	119	380.84	4408.49	7012.57	1054.63
山西省	148	392.61	4699.72	6989.53	1007.82
内蒙古自治区	192	404.04	5183.43	7631.87	436.86
天津市	25	460.96	4693.76	7330.15	808.56
山东省	138	407.97	4198.65	6360.84	1735.89
辽宁省	73	390.55	3246.5	6704.55	1452.63
吉林省	45	322.22	3839.39	7481.32	645.74
黑龙江省	51	333.14	3466.77	6989.52	1152.06
江苏省	124	564.00	5234.08	7423.66	614.14
浙江省	65	650.14	5790.71	7698.94	477.24
安徽省	88	574.32	5100.38	7222.03	853.97
上海市	27	527.78	4482.25	6616.75	1337.88
福建省	51	563.18	5103.34	7011.79	1008.65
河南省	110	488.09	3459.2	6656.01	1484.52
湖北省	59	494.07	4192.25	6342.82	1545.88
湖南省	42	504.33	4152.41	6639.60	1400.24
江西省	38	621.32	4885.73	7319.83	703.48
四川省	23	469.57	5772.86	6649.76	1345.10
重庆市	21	496.19	4643.76	6609.76	1456.82
陕西省	82	469.76	4680.78	6957.09	1217.80
甘肃省	32	371.41	4392.63	7145.40	920.86
青海省	6	436.67	5125.01	7041.70	860.44
宁夏回族自治区	56	498.21	5037.3	7525.65	498.10
新疆维吾尔自治区	74	393.24	4884.91	7530.73	543.49
广东省	116	534.78	4761.01	6881.24	1012.66
广西壮族自治区	29	591.03	4776.83	6920.63	960.89
云南省	26	415.38	4924.77	6946.47	724.38
贵州省	63	447.62	4989.99	7259.98	541.05
海南省	8	345.00	5514.74	7747.64	120.19
全部	1935	462.59	4680.28	7067.74	972.30

附录 7　2023 年全国 200 兆瓦及以上容量燃煤机组主要辅助设备运行可靠性指标

机组容量（兆瓦）	辅助设备名称	台数（台）	运行小时[小时/（台·年）]	可用小时[小时/（台·年）]	计划停运		非计划停运		运行系数（%）	可用系数（%）	非计划停运系数（%）	平均无故障可用小时[小时/（台·年）]
					次数[次/（台·年）]	小时[小时/（台·年）]	次数[次/（台·年）]	小时[小时/（台·年）]				
200MW 等级	低速磨煤机	102	5490.11	8230.70124	20.42	529.3	0	0	62.67	93.96	0	>8230.7
	中速磨煤机	128	5586.75	8506.13074	0.92	242.46	0.66	11.41	63.78	97.1	0.2	12888.08
	高速磨煤机	108	4216.29	8025.76251	3.64	734.24	0	0	48.13	91.62	0	>8025.76
	给水泵组	215	3392.51	8425.34012	0.7	334.51	0	0.15	38.73	96.18	0.001668	>8425.34
	送风机	186	6110.63	8401.70751	0.75	358.29	0	0	69.76	95.91	0	>8401.71
	引风机	194	6207.92	8404.81601	0.78	355.15	0.01	0.03	70.87	95.95	0.000395	840481.6
	高压加热器	231	6257.18	8440.40609	0.73	318.42	0.01	1.17	71.43	96.35	0.013365	844040.61
	除尘类	85	6370.37	8319.52318	0.86	440.48	0	0	72.72	94.97	0	>8319.52
	脱硫系统	80	6442.11	8379.35578	0.76	380.64	0	0	73.54	95.65	0	>8379.36
	脱硝系统	69	6288.16	8400.44193	0.7	359.56	0	0	71.78	95.9	0	>8400.44
300MW 等级	低速磨煤机	798	6116.18	8224.9747	1.34	533.96	0.07	1.07	69.82	93.89	0.012214	117499.64
	中速磨煤机	2476	6110.64	8242.58675	1.44	516.15	0.11	1.26	69.76	94.09	0.014431	74932.61
	高速磨煤机	44	4676.94	8207.2188	2.32	552.78	0	0	53.39	93.69	0	>8207.22
	给水泵组	1999	5281.48	8277.30598	0.81	481.56	0.04	1.13	60.29	94.49	0.012901	206932.65
	送风机	1446	7042.75	8253.27121	0.85	506.68	0.01	0.05	80.4	94.22	0.000613	825327.12
	引风机	1513	7046.42	8249.44868	0.87	510.33	0.02	0.22	80.44	94.17	0.002551	412472.43
	高压加热器	2269	7038.28	8241.22973	0.83	515.73	0.03	3.04	80.35	94.08	0.034756	274707.66
	除尘类	955	7011.49	8255.0449	0.84	504.58	0	0.37	80.04	94.24	0.004278	>8255.04
	脱硫系统	748	7001.37	8229.89278	0.84	528.09	0.01	2.02	79.92	93.95	0.023027	822989.28
	脱硝系统	587	7058.48	8251.59955	0.84	506.63	0.01	1.77	80.58	94.2	0.020172	825159.95

续表

机组容量（兆瓦）	辅助设备名称	台数（台）	运行小时[小时/（台·年）]	可用小时[小时/（台·年）]	计划停运 次数[次/（台·年）]	计划停运 小时[小时/（台·年）]	非计划停运 次数[次/（台·年）]	非计划停运 小时[小时/（台·年）]	运行系数（%）	可用系数（%）	非计划停运系数（%）	平均无故障可用小时[小时/（台·年）]
500MW 等级	中速磨煤机	39	4877.75	8225.38437	2.05	534.62	0	0	55.68	93.9	0	>8225.38
	高速磨煤机	16	5351.84	8755.44896	0.06	4.55	0	0	61.09	99.95	0	>8755.45
	给水泵组	22	3465.21	8278.04264	0.73	481.96	0	0	39.56	94.5	0	>8278.04
	送风机	14	6443.92	8409.84668	0.93	350.15	0	0	73.56	96	0	>8409.85
	引风机	14	6417.08	8405.38741	0.79	354.61	0	0	73.25	95.95	0	>8405.39
	高压加热器	22	6198.05	8244.61315	0.59	515.39	0	0	70.75	94.12	0	>8244.61
	除尘类	11	6474.18	8137.27368	0.55	622.73	0	0	73.91	92.89	0	>8137.27
	脱硫系统	8	6292.19	8222.04844	0.63	537.95	0	0	71.83	93.86	0	>8222.05
	脱硝系统	6	7043.94	8203.23611	0.67	556.76	0	0	80.41	93.64	0	>8203.24
600MW 等级	低速磨煤机	535	6426	8102.64808	1.65	657.35	0	0	73.36	92.5	0	535
	中速磨煤机	2358	6128.6	8220.88371	1.45	538.17	0.09	0.94	69.96	93.85	0.010781	2358
	高速磨煤机	86	6470.9	8526.80377	0.95	233.2	0	0	73.87	97.34	0	86
	给水泵组	1184	5750.65	8234.11171	0.73	525.25	0.03	0.64	65.65	94	0.00726	1184
	送风机	939	7191.43	8239.68337	0.71	520.13	0.01	0.19	82.09	94.06	0.002126	939
	引风机	953	7151.24	8232.04674	0.74	527.8	0.01	0.15	81.64	93.97	0.001761	953
	高压加热器	1434	7175.93	8214.9368	0.71	544.18	0.02	0.89	81.92	93.78	0.010108	1434
	除尘类	743	7217.2	8222.15468	0.77	537.85	0	0	82.39	93.86	0	743
	脱硫系统	475	7132.47	8222.19189	0.74	537.81	0	0	81.42	93.86	0	475
	脱硝系统	369	7243.37	8228.75311	0.7	531.25	0	0	82.69	93.94	0	369

续表

机组容量（兆瓦）	辅助设备名称	台数（台）	运行小时[小时/（台·年）]	可用小时[小时/（台·年）]	计划停运		非计划停运		运行系数（%）	可用系数（%）	非计划停运系数（%）	平均无故障可用小时[小时/（台·年）]
					次数[次/（台·年）]	小时[小时/（台·年）]	次数[次/（台·年）]	小时[小时/（台·年）]				
700MW 等级	中速磨煤机	36	6544.38	8516	0.17	244	0	0	74.71	97.21	0	36
	给水泵组	16	5610.44	8485.5	0.19	274.5	0	0	64.05	96.87	0	16
	送风机	12	7339.57	8516	0.17	244	0	0	83.79	97.21	0	12
	引风机	12	7392.29	8516	0.17	244	0	0	84.39	97.21	0	12
	高压加热器	20	7517.29	8540.4	0.15	219.6	0	0	85.81	97.49	0	20
	除尘类	6	7304.63	8338.67222	0.5	421.33	0	0	83.39	95.19	0	6
	脱硫系统	6	7435.54	8338.67222	0.5	421.33	0	0	84.88	95.19	0	6
	脱硝系统	6	7402.54	8338.67222	0.5	421.33	0	0	84.5	95.19	0	6
800MW 等级	中速磨煤机	16	5062.17	7881.41563	4.63	878.31	0.19	0.27	57.79	89.97	0.003104	41481.13
	给水泵组	7	2818.19	8226.01429	0.29	533.99	0	0	32.17	93.9	0	>8226.01
	送风机	4	6867.39	7855.52917	0.5	904.47	0	0	78.39	89.67	0	>7855.53
	引风机	3	7318.86	8155.13889	0.33	604.86	0	0	83.55	93.1	0	>8155.14
	高压加热器	7	7239.53	8760	0	0	0	0	82.64	100	0	>8760
	除尘类	2	6814.65	8075.725	0.5	684.28	0	0	77.79	92.19	0	>8075.73
	脱硫系统	2	6792.48	7838.14167	0.5	921.86	0	0	77.54	89.48	0	>7838.14

续表

机组容量（兆瓦）	辅助设备名称	台数（台）	运行小时[小时/（台·年）]	可用小时[小时/（台·年）]	计划停运		非计划停运		运行系数（%）	可用系数（%）	非计划停运系数（%）	平均无故障可用小时[小时/（台·年）]
					次数[次/（台·年）]	小时[小时/（台·年）]	次数[次/（台·年）]	小时[小时/（台·年）]				
900MW 等级	中速磨煤机	12	6231.97	7604.03472	1	1155.97	0	0	71.14	86.8	0	>7604.03
	给水泵组	6	4705.02	7748.83056	1.17	1011.17	0	0	53.71	88.46	0	>7748.83
	送风机	4	7083.21	7609.9625	1	1150.04	0	0	80.86	86.87	0	>7609.96
	引风机	4	7083.21	7609.9625	1	1150.04	0	0	80.86	86.87	0	>7609.96
	高压加热器	8	7050.91	7605.29583	1	1154.7	0	0	80.49	86.82	0	>7605.3
	脱硫系统	2	7002.68	7605.51667	1	1154.48	0	0	79.94	86.82	0	>7605.52
1000MW 等级	低速磨煤机	35	7071.19	8137.34215	0.37	622.66	0	0	80.72	92.89	0	>8137.34
	中速磨煤机	745	6447.29	8169.59467	1.42	589.53	0.08	0.87	73.6	93.26	0.009956	102119.93
	给水泵组	249	6542.24	8273.20372	0.57	486.11	0.01	0.68	74.68	94.44	0.007816	827320.37
	送风机	254	7397.36	8220.96815	0.67	539.02	0	0.02	84.44	93.85	0.000177	>8220.97
	引风机	256	7368.5	8202.72713	0.72	557.26	0.01	0.02	84.12	93.64	0.000194	820272.71
	高压加热器	526	7384.42	8237.67046	0.56	522.3	0.01	0.03	84.3	94.04	0.00031	823767.05
	除尘类	196	7436.98	8211.7801	0.66	548.22	0	0	84.9	93.74	0	>8211.78
	脱硫系统	125	7388.41	8226.63054	0.64	533.37	0	0	84.34	93.91	0	>8226.63
	脱硝系统	105	7394.36	8302.77283	0.58	457.23	0	0	84.41	94.78	0	>8302.77

注　平均无故障可用小时指标数据中含">"表示该类型辅机全年非计划停运小时等于0次/（台·年）。

附录 8 2023 年全国 220 千伏及以上电压等级架空线路、变压器、电抗器、断路器等输变电设施可靠性综合指标

设施类型	电压等级（千伏）	设施总数/线路全长[①]	统计百台（段、套、千米）年数	强迫停运率[②]	可用系数（%）	非计划停运次数（次）	非计划停运时间[③]	计划停运次数（次）	计划停电时间[④]
架空线路	综合	8837.626	8691.502	0.054	99.44	521	0.658	5673	45.719
架空线路	220	5063.379	5005.285	0.053	99.692	298	0.245	4476	26.543
架空线路	330	383.568	378.141	0.011	99.708	4	0.008	160	25.541
架空线路	400	4.229	4.229	0	100	0	0	0	0
架空线路	500	2605.104	2537.128	0.073	99.244	203	1.07	891	62.961
架空线路	660	13.334	13.334	0.075	97.384	1	1.725	2	227.417
架空线路	750	289.407	283.287	0.014	99.33	4	0.441	66	57.916
架空线路	800	284.347	283.488	0.011	97.337	5	0.28	24	176.742
架空线路	1000	194.259	186.61	0.032	98.306	6	8.302	54	137.009
变压器	综合	23424	229.38	0.144	99.564	52	0.153	5561	37.911
变压器	220	14873	146.043	0.151	99.629	30	0.079	3710	32.331
变压器	330	668	6.566	0.152	99.347	1	0.174	159	56.004
变压器	500	7127	69.314	0.115	99.464	18	0.279	1473	46.516
变压器	660	6	0.06	0	100	0	0	0	0
变压器	750	494	4.864	0.206	99.404	2	0.499	113	51.7
变压器	800	33	0.33	0	100	0	0	0	0
变压器	1000	223	2.202	0.454	99.294	1	0.327	106	59.464
电抗器	综合	4689	46.684	0	99.818	1	0.04	461	15.852
电抗器	220	288	2.86	0	99.931	1	0.648	10	5.439
电抗器	330	248	2.467	0	99.955	0	0	4	3.874
电抗器	400	9	0.09	0	100	0	0	0	0
电抗器	500	3062	30.479	0	99.876	0	0	247	10.761
电抗器	750	709	7.068	0	99.663	0	0	126	29.505
电抗器	800	57	0.57	0	100	0	0	0	0
电抗器	1000	316	3.151	0	99.353	0	0	74	56.618
断路器	综合	54274	541.043	0.135	99.821	84	0.021	8340	15.594
断路器	220	42291	422.09	0.095	99.864	46	0.015	5848	11.903
断路器	330	2360	23.377	0.043	99.773	1	0	313	19.581
断路器	400	2	0.02	0	100	0	0	0	0
断路器	500	8891	88.296	0.215	99.663	23	0.047	1952	29.039

续表

设施类型	电压等级（千伏）	设施总数/线路全长①	统计百台（段、套、千米）年数	强迫停运率②	可用系数（%）	非计划停运次数（次）	非计划停运时间③	计划停运次数（次）	计划停电时间③
断路器	750	626	6.249	2.08	99.446	14	0.139	196	48.353
断路器	800	43	0.43	0	100	0	0	0	0
断路器	1000	61	0.581	0	98.258	0	0	31	152.609
电流互感器	综合	152489	1527.258	0.016	99.949	36	0.006	7514	4.43
电流互感器	220	125568	1257.313	0.002	99.958	15	0.001	5894	3.625
电流互感器	330	4495	44.82	0	99.949	0	0	173	4.229
电流互感器	400	25	0.25	0	100	0	0	0	0
电流互感器	500	21796	218.817	0.096	99.893	21	0.031	1445	9.182
电流互感器	750	324	3.238	0	99.981	0	0	1	1.445
电流互感器	800	135	1.35	0	100	0	0	0	0
电流互感器	1000	146	1.47	0	99.969	0	0	1	2.703
电压互感器	综合	102343	1014.788	0.015	99.947	17	0.045	4815	4.543
电压互感器	220	68361	678.817	0.006	99.972	5	0.063	2569	2.365
电压互感器	330	6362	63.107	0.048	99.955	3	0.001	241	3.822
电压互感器	500	25155	248.453	0.024	99.902	7	0.006	1620	8.451
电压互感器	750	1771	17.481	0.114	99.765	2	0.049	219	20.532
电压互感器	800	31	0.31	0	100	0	0	0	0
电压互感器	1000	663	6.619	0	99.455	0	0	166	46.121
隔离开关	综合	189660	1895.042	0.013	99.963	34	0.003	5922	3.236
隔离开关	220	160043	1599.738	0.008	99.977	16	0.003	4034	2.04
隔离开关	330	5356	53.245	0	99.903	0	0	273	8.353
隔离开关	400	8	0.08	0	100	0	0	0	0
隔离开关	500	22447	223.938	0.054	99.893	14	0	1379	9.143
隔离开关	660	1	0.005	0	100	0	0	0	0
隔离开关	750	1536	15.346	0.065	99.75	4	0.024	216	21.886
隔离开关	800	143	1.43	0	100	0	0	0	0
隔离开关	1000	126	1.26	0	99.631	0	0	20	32.345
避雷器	综合	173335	1719.552	0.007	99.955	18	0.042	6374	3.901
避雷器	220	134503	1335.254	0.005	99.969	10	0	4111	2.698
避雷器	330	6206	61.467	0	99.951	0	0	193	4.243
避雷器	400	48	0.48	0	100	0	0	0	0
避雷器	500	28999	286.825	0.014	99.919	7	0.002	1592	6.978

设施类型	电压等级（千伏）	设施总数/线路全长①	统计百台（段、套、千米）年数	强迫停运率②	可用系数（%）	非计划停运次数（次）	非计划停运时间③	计划停运次数（次）	计划停电时间③
避雷器	660	1	0.01	0	100	0	0	0	0
避雷器	750	2331	23.067	0	99.741	0	0	311	22.687
避雷器	800	461	4.61	0	100	0	0	0	0
避雷器	1000	786	7.839	0.128	99.42	1	9.091	167	40.791
电缆线路	综合	82.244	81.715	0.073	99.931	6	1.786	93	4.301
电缆线路	220	80.131	79.601	0.05	99.946	4	0.306	93	4.415
电缆线路	330	0	0	0	0	0	0	0	0
电缆线路	500	2.113	2.113	0.946	99.343	2	57.549	0	0
电缆线路	750	0	0	0	0	0	0	0	0
组合电器	综合	11193	91.072	0.038	99.962	115	0.008	10780	3.3
组合电器	220	7864	63.187	0.01	99.983	47	0.007	6506	1.435
组合电器	330	265	2.541	0.145	99.984	14	0.008	224	1.401
组合电器	500	2887	23.781	0.1	99.914	49	0.011	3126	7.499
组合电器	750	50	0.453	0.086	99.799	3	0.021	235	16.62
组合电器	1000	127	1.11	0.012	99.789	2	0	689	18.46
母线	综合	14521	145.08	0.096	99.943	15	0.01	880	4.935
母线	220	11869	118.867	0.084	99.952	11	0.007	669	4.197
母线	330	437	4.277	0	99.877	0	0	26	10.745
母线	500	2034	20.128	0.149	99.917	3	0.021	167	7.185
母线	750	113	1.128	0.886	99.876	1	0.261	11	10.625
母线	800	42	0.42	0	100	0	0	0	0
母线	1000	26	0.26	0	99.364	0	0	7	55.706

① 架空线路、电缆线路单位为百千米，其他设备单位为台（套、段）。

② 电缆线路单位为次/千米年，其他设备单位为次/百千米（台、套、段）年。

③ 架空线路单位为小时/（百千米·年），其他设备单位为小时/千米（台、套、段）年。

附录 9　2023 年全国直流输电系统可靠性指标

系统名称	能量可用率 EA（%）	能量利用率 U（%）	强迫能量不可用率 FEU（%）	计划能量不可用率 SEU（%）	合计强迫停运次数（次）	总输送电量（亿千瓦·时）
点对点超高压直流输电系统						
葛南	100	25.7	0	0	0	26.21
天广	99.012	22.46	0	0.988	0	35.41
龙政	97.528	41.05	0	2.472	0	107.89
江城	99.432	57.13	0	0.568	0	150.14
宜华	97.942	26.9	0.176	1.882	1	70.69
兴安	98.735	66.66	0.054	1.211	1	175.18
德宝	97.796	62.56	0	2.204	0	164.42
伊穆	97.419	49.44	0.041	2.541	2	129.94
银东	96.248	49.53	0.111	3.641	2	173.56
林枫	97.868	45.27	0.14	1.992	2	118.97
柴拉	95.72	55.42	0.167	4.113	2	29.13
牛从甲	95.127	49.86	0.02	4.853	1	139.78
牛从乙	97.046	49.38	0	2.954	0	138.42
金中	97.612	41.9	0	2.388	0	117.45
永富	96.712	32.9	0	3.288	0	86.47
如东	97.26	31.02	0	2.74	0	29.89
点对点超高压直流输电系统						
楚穗	92.033	38.27	0.219	7.748	3	167.63
复奉	97.67	46.87	0	2.33	0	262.77
锦苏	94.761	48.23	0	5.239	0	304.2
天中	98.905	67.45	0	1.095	0	472.66
宾金	93.513	33.99	0	6.487	0	238.17
普侨	95.904	27.03	0.067	4.028	1	118.41
灵绍	97.091	69.45	0.755	2.154	2	486.67
祁韶	93.27	47.98	0	6.73	0	336.26
雁淮	97.713	66.71	0.06	2.227	1	467.47
鲁固	97.678	50.06	0.307	2.016	2	438.55
锡泰	97.271	41.66	0	2.729	0	364.97
新东	100	47.38	0	0	0	207.52
昭沂	99.475	39.56	0	0.525	0	346.54
吉泉	97.304	58.99	0	2.696	0	620.06

系统名称	能量可用率 EA（%）	能量利用率 U（%）	强迫能量不可用率 FEU（%）	计划能量不可用率 SEU（%）	合计强迫停运次数（次）	总输送电量（亿千瓦·时）
青豫	96.365	26.86	0.382	3.253	1	188.26
雅湖	98.06	26.14	0.049	1.891	1	183.2
陕武	97.71	34.54	0	2.29	0	242.09
建苏	99.425	33.4	0.072	0.503	1	234.05
背靠背直流输电系统						
灵宝	97.88	65.97	0	2.12	0	64.14
高岭	97.615	72.72	0	2.385	0	191.1
黑河	98.356	27.72	0.057	1.588	1	18.21
鲁西	96.563	25.72	0.009	3.428	1	67.59
宜昌	98.571	34.44	0.174	1.255	1	75.43
施州	97.869	34.07	0	2.131	0	74.62
粤中	90.063	43.37	0	9.937	0	113.98
南粤	76.607	28.09	0	23.393	0	73.83
多端直流输电系统						
禄高肇	98.452	58.63	0.002	1.545	1	154.07
昆柳龙	98.46	31.67	0.035	1.505	2	221.94
张北	—	32.16	—	—	2	126.78
舟山	—	18.59	—	—	0	6.51
南澳	—	14.18	—	—	1	1.86

附录10 2023年全国各区域供电可靠性主要指标

区域	统计口径	供电可靠率（%）	平均停电频率（次/户·年）	平均停电时间（小时/户·年）	平均故障停电时间（小时/户·年）	平均预安排停电时间（小时/户·年）	等效总用户数	用户总容量（kVA）
华北区域	全口径	99.9153	2.01	7.42	4.45	2.97	2874377	1078997561
	城网	99.9849	0.45	1.32	0.76	0.56	352121	284641563
	农网	99.9055	2.22	8.28	4.97	3.31	2522256	794355998
东北区域	全口径	99.8327	4.95	14.65	10.13	4.52	1134714	352869515
	城网	99.9485	1.29	4.51	2.73	1.78	181797	119050475
	农网	99.8107	5.65	16.59	11.55	5.04	952917	233819040
华东区域	全口径	99.9811	1.05	1.66	1.05	0.61	2763025	1548865108
	城网	99.9928	0.38	0.64	0.40	0.24	421959	367876780
	农网	99.9790	1.17	1.84	1.17	0.68	2341066	1180988328
华中区域	全口径	99.8963	2.67	9.09	5.94	3.15	3036112	1269865710
	城网	99.9672	0.84	2.87	1.75	1.12	405508	355733188
	农网	99.8853	2.95	10.04	6.58	3.46	2630603	914131892
西北区域	全口径	99.8365	3.44	14.32	6.89	7.43	1048949	359701402
	城网	99.9503	1.54	4.35	2.48	1.87	98019	90191156
	农网	99.8247	3.63	15.35	7.35	8.00	950930	269510246
南方区域	全口径	99.9119	1.80	7.72	4.77	2.95	2033551	959335324
	城网	99.9761	0.53	2.09	1.23	0.86	322249	287243459
	农网	99.8998	2.03	8.78	5.44	3.34	1711302	672091865
全国	全口径	99.9107	2.30	7.82	4.82	3.00	12890728	5569634620
	城网	99.9755	0.68	2.14	1.28	0.86	1781652	1504736621
	农网	99.9003	2.56	8.74	5.39	3.35	11109074	4064897369

附录 11 主 要 指 标 释 义

一、发电设备可靠性主要指标释义

（1）**利用小时**。机组毛实际发电量折合成铭牌额定容量时的运行小时数。

（2）**运行小时**。设备处于运行状态的小时数。

（3）**备用小时**。设备处于备用状态的小时数。

（4）**计划停运小时**。设备处于计划停运状态的小时数。

（5）**非计划停运小时**。设备处于非计划停运状态的小时数。

（6）**强迫停运小时**。设备处于强迫停运状态的小时数。

（7）**降出力等效停运小时**。机组降低出力小时数折合成按铭牌额定容量计算的停运小时数。

（8）**计划停运次数**。设备发生计划停运事件的次数。

（9）**非计划停运次数**。设备发生非计划停运事件的次数，根据事件的紧急状况不同，非计划停运事件可分为 5 类，其中前 3 类统称强迫停运事件。

（10）**强迫停运次数**。设备发生强迫停运事件的次数，强迫停运次数为前 3 类非计划停运次数之和。

（11）**运行系数**

$$运行系数 = \frac{运行小时}{统计期间小时} \times 100\%$$

$$SF = \frac{SH}{PH} \times 100\%$$

（12）**可用系数**

$$可用系数 = \frac{可用小时}{统计期间小时} \times 100\%$$

$$AF = \frac{AH}{PH} \times 100\%$$

（13）**等效可用系数**

$$等效可用系数 = \frac{可用小时 - 降出力等效停运小时}{统计期间小时} \times 100\%$$

$$EAF = \frac{AH - EUNDH}{PH} \times 100\%$$

（14）**计划停运系数**

$$计划停运系数 = \frac{计划停运小时}{统计期间小时} \times 100\%$$

$$POF = \frac{POH}{PH} \times 100\%$$

（15）非计划停运系数

$$非计划停运系数 = \frac{非计划停运小时}{统计期间小时} \times 100\%$$

$$UOF = \frac{UOH}{PH} \times 100\%$$

（16）非计划停运率

$$非计划停运率 = \frac{非计划停运小时}{非计划停运小时 + 运行小时} \times 100\%$$

$$UOR = \frac{UOH}{UOH + SH} \times 100\%$$

（17）**等效强迫停运率**

$$等效强迫停运率 = \frac{\begin{array}{l}强迫停运小时 + (第1类非计划降出力等效停运小时 + \\ 第2类非计划降出力等效停运小时 + \\ 第3类非计划降出力等效停运小时)\end{array}}{\begin{array}{l}运行小时 + 强迫停运小时 + (第1类非计划降出力备用等效停运小时 + \\ 第2类非计划降出力备用等效停运小时 + \\ 第3类非计划降出力备用等效停运小时)\end{array}} \times 100\%$$

$$EFOR = \frac{FOH + (EUNDH_1 + EUNDH_2 + EUNDH_3)}{SH + FOH + (ERSUNDH_1 + ERSUNDH_2 + ERSUNDH_3)} \times 100\%$$

二、输变电设施可靠性主要指标释义

（1）**可用。** 设施处于能够完成预定功能的状态，分为运行状态和备用状态。

（2）**不可用。** 设施不论何种原因引起不能完成预定功能的状态，分为计划停运状态和非计划停运状态。

（3）**非计划停运。** 设施处于不可用而又不是计划停运的状态，分为第一类非计划停运状态、第二类非计划停运状态、第三类非计划停运状态和第四类非计划停运状态。

（4）**强迫停运。** 设施的第一类、第二类非计划停运均称为强迫停运。

（5）**统计台［100千米、元件、段、条］·年。** 统计期间设施的台［100千米、元件、段、条］·年数。其计算公式为

$$UY = \frac{PSH}{8760h}$$

式中：UY——统计台［100千米、元件、段、条］·年数，单位为台［100千米、元件、段、条］·年；

PSH——统计期间投运小时，单位为小时。

注　闰年分母为8784小时。

（6）可用系数。

计算公式为

$$AF = \frac{AH}{PH} \times 100\%$$

式中：AF——可用系数；

AH——可用小时，单位为小时；

PH——统计期间小时，单位为小时。

（7）运行系数。

计算公式为

$$SF = \frac{SH}{PH} \times 100\%$$

式中：SF——运行系数；

SH——运行小时，单位为小时；

PH——统计期间小时，单位为小时。

（8）计划停运系数。

计算公式为

$$POF = \frac{POH}{PH} \times 100\%$$

式中：POF——计划停运系数；

POH——计划停运小时，单位为小时；

PH——统计期间小时，单位为小时。

（9）非计划停运系数。

计算公式为

$$UOF = \frac{UOH}{PH} \times 100\%$$

式中：UOF——非计划停运系数；

UOH——非计划停运小时，单位为小时；

PH——统计期间小时，单位为小时。

（10）强迫停运系数。

计算公式为

$$FOF = \frac{FOH}{PH} \times 100\%$$

式中：FOF——强迫停运系数；

FOH——强迫停运小时，单位为小时；

PH——统计期间小时，单位为小时。

（11）**计划停运率。**

计算公式为

$$POR = \frac{POT}{UY}$$

式中：POR——计划停运率，单位为次每台·年；

　　　　POT——计划停运次数；

　　　　UY——统计台·年数，单位为台·年。

（12）**非计划停运率。**

计算公式为

$$UOR = \frac{UOT}{UY}$$

式中：UOR——非计划停运率，单位为次每台·年；

　　　　UOT——非计划停运次数；

　　　　UY——统计台年数，单位为台·年。

（13）**强迫停运率。**

计算公式为

$$FOR = \frac{FOT}{UY}$$

式中：FOR——强迫停运率，单位为次每台·年；

　　　　FOT——强迫停运次数；

　　　　UY——统计台年数，单位为台·年。

（14）**连续可用小时。**

计算公式为

$$CSH = \frac{AH}{POT + UOT + 1}$$

式中：CSH——连续可用小时，单位为小时每次；

　　　　AH——可用小时，单位为小时；

　　　　POT——计划停运次数；

　　　　UOT——非计划停运次数。

（15）**暴露率。**

计算公式为

$$EXR = \frac{SH}{AH} \times 100\%$$

式中：EXR——暴露率；

    SH ——运行小时，单位为小时；

    AH——可用小时，单位为小时。

（16）断路器平均无故障操作次数。

计算公式为

$$MTBF = \frac{NO}{NUOT}$$

式中：$MTBF$——断路器平均无故障操作次数，单位为次/非计划停运间隔数；

    NO ——操作次数，按断路器的分闸次数统计，分闸次数为正常操作分闸次数、切除故障分闸次数及调试分闸次数之和；

    $NUOT$——非计划停运间隔数采用非计划停运次数。

三、直流输电系统可靠性主要指标释义

（1）能量可用率。

计量单位：%

指标释义：在统计期间内，统计对象等效可用小时与统计期间小时之比的百分数

计算公式为

$$EA = \frac{EAH}{PH} \times 100\%$$

式中：EAH——等效可用小时；

    PH ——统计期间小时。

（2）能量利用率。

计量单位为%。

指标释义：在统计期间内，统计对象总输送电量与额定输送容量和统计期间小时的乘积之比的百分数。

计算公式为

$$U = \frac{TTE}{P_m \times PH} \times 100\%$$

式中：TTE——总输送电量；

    P_m ——额定输送容量；

    PH ——统计期间小时。

（3）强迫能量不可用率。

计量单位为%。

指标释义：在统计期间内，统计对象强迫停运小时与统计期间小时之比的百分数。

$$FEU = \frac{EFOH}{PH} \times 100\%$$

式中：$EFOH$——等效强迫停运小时；

PH——统计期间小时。

四、供电可靠性主要指标释义

（1）平均供电可靠率。

计量单位为%。

指标释义：在统计期间内，对用户有效供电时间总小时数与统计期间小时数的比值，记作 ASAI−1。

计算公式为

$$供电可靠率 = \left(1 - \frac{用户平均停电时间}{统计期间时间}\right) \times 100\%$$

（2）用户平均停电时间。

计量单位为小时/户。

指标释义：供电用户在统计期间内的平均停电小时数，记作 SAIDI−1。

计算公式为

$$系统平均停电时间 = \frac{\sum(每户每次停电时间)}{总用户数}$$
$$= \frac{\sum(每次停电持续时间 \times 每次停电用户数)}{总用户数} 小时/户$$

（3）用户平均停电频率。

计量单位为次/户。

指标释义：供电用户在统计期间内的平均停电次数，记作 SAIFI−1。

计算公式为

$$用户平均停电频率 = \frac{\sum(每次停电用户数)}{总用户数} 次/户$$

（4）平均预安排停电时间。

计量单位为小时/户。

指标释义：供电系统用户在统计期间内的平均预安排停电小时数，记作 SAIDI−S（小时/户）。

计算公式为

$$平均预安排停电时间 = \frac{\sum 每次预安排停电时间 \times 每次预安排停电用户数}{总用户数}$$

（5）用户平均故障停电时间。

计量单位为小时/户。

指标释义：供电系统用户在统计期间内的平均故障停电小时数，记作 SAIDI−F（小时/户）。

$$用户平均故障停电时间 = \frac{\sum 每次故障停电时间 \times 每次故障停电用户数}{总用户数}$$

（6）重大事件日。

重大事件日定义：用户平均故障停电时间指标（SAIDI−F）大于界限值 T_{MED} 的日期。

剔除重大事件日是指剔除用户平均故障停电时间指标（SAIDI−F）大于界限值 T_{MED} 的日期当天的用户平均故障停电时间。

重大事件日界限值 T_{MED} 计算方法：

判定重大事件日的界限值 T_{MED} 应以地市级供电企业（或直辖市）为单位进行计算，每年更新一次。界限值 T_{MED} 的确定方法：

1）选取最近三年每天的 SAIDI−F 值（跨日的停电计入停电当天）。

2）剔除 SAIDI−F 值为零的日期，组成数据集合。

3）计算数据集合中每个 SAIDI−F 值的自然对数 ln（SAIDI−F）。

4）计算 α：SAIDI−F 自然对数的算术平均值。

5）计算 β：SAIDI−F 自然对数的标准差。

6）MED 阈值计算方法为

$$T_{\mathrm{MED}} = \exp(\alpha + 2.5 \times \beta)$$

五、电压合格率主要指标释义

电压合格率指在电网运行中，在运行统计时间内，电压在合格范围内的时间总和与总运行统计时间的百分比。电压监测点和区域电压合格率计算均采用累计法，具体公式如下

$$电压监测点电压合格率（\%） = \left(1 - \frac{电压超上限时间 + 电压超下限时间}{总运行统计时间}\right) \times 100\%$$

$$区域电压合格率(\%)_{(A,B,C,D)} = \left(1 - \frac{\sum_{i=1}^{n} 电压超上限时间 + \sum_{i=1}^{n} 电压超下限时间}{\sum_{i=1}^{n} 总运行统计时间}\right) \times 100\%$$

$$区域综合电压合格率 V(\%) = 0.5V_A + 0.5 \times \left(\frac{V_B + V_C + V_D}{N}\right)$$

式中：　　　　　n——该类电压监测点数；

V_A、V_B、V_C、V_D——A、B、C、D 类的电压合格率；

　　　　　　N——统计范围内监测点的类别数量。

A 类供电电压：带地区供电负荷的变电站和发电厂 10（20/6）千伏母线电压。

B 类供电电压：35、66 千伏专线供电和 110 千伏及以上供电电压。

C 类供电电压：35、66 千伏非专线供电和 10（20/6）千伏供电电压。

D 类供电电压：380/220 伏低压网络供电电压。

后记

在《中国电力行业可靠性年度发展报告 2024》编撰过程中，得到了政府相关部门、电力生产企事业单位、电力设备制造厂家等的大力支持和帮助。国家能源局电力可靠性管理和工程质量监督中心、国家电网有限公司、中国南方电网有限责任公司、中国华能集团有限公司、中国大唐集团有限公司、中国华电集团有限公司、国家能源投资集团有限责任公司、国家电力投资集团有限公司、中国长江三峡集团有限公司、浙江省能源集团有限公司、广东省能源集团有限公司、北京能源集团公司、国投电力控股股份有限公司、内蒙古电力（集团）有限责任公司等单位为报告提供了相关资料。在此一并表示衷心感谢。

陈洁、刘亦朋、潘锐健、要若天、谢良辰、薛隽、禹志刚、陈新、沈艳梅、赵晓军、黎学文、邓凤婷、陈杨、邓小华、段宝磊、冯智宇、李天然、房婷婷、李全俊、晁倪杰、苏良智、马驹、张名捷、白文元、程丽平、邵华、廖庆龙、高菲、李建芳、曾波、李明远、杨润宇、蔡延雷、黄智鹏、苗宇、郭鲁、黄艳敏、孟水鑫、张贵生、时孝磊、李宁、张冲林、白瑞军、高媛、吴继秀、刘冰、樊柱、吴志勇等同志参与了报告撰写集中研讨，并为资料收集整理和汇总做了大量工作。在此一并表示衷心感谢。

中电联可靠性管理中心牵头负责报告的组织编制、统稿等工作，受编撰时间、资料收集和编者水平所限，报告难免存在疏漏和不足之处，恳请广大读者谅解并批评指正。我们将不断总结经验，优化和改进报告内容，进一步提高编撰质量，使报告成为研究、了解、记录电力可靠性发展的工具，在立足行业、服务企业、联系政府、沟通社会中发挥更大的作用。